幸せが無限に舞い降りる

「お手上げ」の法則

大木ゆきの

大和書房

プロローグ

これから、あなたがどれだけ
宇宙を味方につけられるか、
判定する質問をします。

質問には、
はい、いいえ、で
答えてください。

言うとくけども、
正直になあ。
正解狙わんで
ええんじゃからのう。
おっと、失礼。
くれぐれも正直に
お願いいたします。

いい加減な達人より

Q1

ボ〜〜っとしてるなんて
時間の無駄と思うが、
もう何も考えたくないし、
ひたすらボ〜〜っと
していたい？

Q2

子どもの頃から、
「頑張れ」「努力しろ」と
言われてきたが、
正直言ってもう頑張れないし、
頑張りたくもない？

Q3

いろいろやってみたが、
ぶっちゃけもうお手上げ。
どうしたら幸せになれるのか、
さっぱりわからない？

この質問の答えについては、のちほど、改めて。
まずは、この物語の主人公と、いい加減な達人の不思議な出会いからお話を始めます。

その日、私は退社間際に、同僚から信じられない事実を聞いた。

「えっ、あの人、結婚するんですか⁉」

ガ〜〜〜〜〜ン！！！！！！！

私はあまりの衝撃で、一瞬あの世が見えたんじゃないかってほど意識が遠のいた。

私の大好きな彼は、食事後に思いっきり爪楊枝でスーハーするオヤジ揃いの社内に立ち込める加齢臭を一掃する一服の清涼剤。いいえ、ゴミ屋敷に突然咲いた「prince of world」という名の白いバラ。いや、そんなもんじゃない。

40半ばで未だ独身、何をやってもパッとしない、そんな私の人生に奇跡の一発逆転ホームランを起こす、絶好のドストライクボールだった。

やっと社内に、私のパートナーになる人が現れたと思っていたのに。

イケメンで高学歴、出世コースまっしぐらだ。性格もいい。10歳も下だけど、いい感じになって、何度か食事にも行ったし、「一緒にいると楽しい」って言ってたじゃない。

告白されるのも秒読みと思って、そのとき着ていく服まで買っていたのに〜〜〜。

これで私もめでたくゴールイン。結婚したら、こんな好きでもない仕事なんて辞めてやるって思ってたのに〜〜〜〜。

私が思い描いていた死ぬまで続くラブストーリーが木《こ》っ端《ぱ》みじんに砕け散り、いきなりお先真っ暗になった。

えっ？　何？　私の将来設計を練り直せっていうの？　私をいくつだと思ってるんだよ！　そろそろ〝50〟の響きが小さく耳鳴りし始める歳だよ⁉

ショックと悲しみと怒りがごちゃまぜになって、意識もうろうのまま退社した。どこをどう歩いたのか覚えていない。気づいたら本屋さんのスピリチュアルコーナーにたどり着いていた。まるで、死にかけの魚が自らの意に反して浜に打ち上げられたかのように。

並んでいる本の背表紙を、見るともなしに見ていたそのときだった。


『人生終わったと思っている人に読んでもらいたい、いい加減な達人が教えてくれた究極の逆転法』

というタイトルが突然目に飛び込んできた。私はその途端に本を握りしめ、レジに向かっていた。そしてアパートに戻って本を開いたら、ふざけた3つの質問が書いてあったのだ。

「なんちゅう質問なんだよ、これ？」

どうせ、全部「いいえ」なら、見込みアリってことでしょ？　人生捨ててないあなたなら、宇宙も味方になってくれるから大丈夫って？　もうたくさんだよ、そんなの。

　これまで読んだたくさんの本に、そんなセリフなんていっぱい書いてあったし。おだてられて「まだイケるかも」って望みを持っていたけど、少しも幸せになんてなってないんだよ。マリアナ海溝並みの、深い深い人生のどん底なんだよ！

　言っとくけどね、私は3つの質問全部に、堂々の「はい」なんだよ！　それに、「いい加減な達人」の言葉！　どこの方言なんだよ、まったく。読者をバカにするんじゃない

よ！

なぜか中身も確認せずにこんなしょうもない本を買ってしまった自分に腹が立ち、怒りにまかせて本を思い切り壁に叩き付けた。

正体不明になるまで飲んだくれてやる。

そのまま外に出て、近所の商店街の居酒屋を物色しながら歩いていたそのときだった。

「ちょっとあんた……。あんただよ、あんた！」

自動販売機にピッタリとくっつきながら、ワンカップを飲んでいる酔っ払いが絡んできた。大阪の通天閣あたりでは寒い日に自販機で暖を取る酔っ払いがいるってテレビでやってたっけ。ここは東京の下町だけど、こいつもきっとその類に違いない。危ない危ない。

無視して立ち去ろうとすると、男は私の前に立ちはだかった。

「あんた、さっき、ワシの本を壁にブン投げたじゃろう？　違うか？」

「えっ、いきなり何？　まさか、のぞいてたんですか？　通報しますよ！」

「そりゃできんじゃろうな。周りを見てみぃ。あんたとワシ以外、みんな止まっとるのが見えんのか？」

びっくりしてあたりを見渡すと、確かに自転車に乗っている人も、両足をペダルに掛けたまま止まっている。雀は翼を広げたまま空中で静止しているし、お惣菜屋さんで焼いている焼き鳥の煙までそのまま固まっている。

どうした、私？　ショックのあまり、こんな幻覚まで見るようになってしまったのか？　それとも、もしかして死んだ⁉　死んであの世に行く途中で死神にでも遭遇しているのか？　私は返す言葉を失った。

「ヒャ～～ヒャッヒャッヒャッヒャッ。あんた、想像力がたくましいんじゃなあ。あのなあ、死んでなんておらんから、心配せんでええ」

のぞき魔は、まるで私の心の中を読んだかのように話し始めた。

「この止まってる人ら、大道芸人やないで。ワシが物わかりの悪いあんたのために、スペシャルな力を使って時空を止めたんじゃ」

「あ、あなたいったい何者ですか？　あのインチキ本の関係者か何かですか？」

「あの本のタイトルにある〝いい加減な達

人〟ちゅうんは、何を隠そう、ワシのことじゃ！」

男は、まるで水戸黄門の「控えおろう！」的な態度で、胸を張った。こんな酔っ払いが書いた本を買ったなんて。私は終わってる。腹が立って、男に食って掛かった。

「あんな本、読む人をバカにしてる。最初の３つの質問で読む気を失いました」

「あんた、そこまでしか読んどらんじゃろう？　次のページになんて書いてあると思う？　**『この3つの質問に全部「はい」と答えたあなたこそ、宇宙を味方につけられる才能大アリ！　必ずや人生を大逆転できるでしょう』**って書いてあるんじゃよ」

「ますますインチキ臭い！　人生にやる気をまったく失っている人のどこにそんな才能があるっていうんですか？」

「しゃあない。ほんなら説明したろう。

最初の質問は、もう何も考えたくない状態かどうか聞いとるじゃろう？

何も考えていないときこそ、宇宙とつながることができる絶好の状態なんじゃ。人間は『ああでもない、こうでもない』ちゅうて、余計なことを考え過ぎじゃ。

余計な考えがあると、せっかく宇宙がいろんなことを教えようとしても、何も耳に入らんようになる。つまり、**もう何も考えたくないっちゅうんは、ある意味ベストな状態っちゅ**

うわけや。

2つ目の質問に『はい』と答えた人は、もう頑張れないし、頑張りたくもない状態じゃ。それはつまり、人の期待に応えることや、人目を気にしてやりたくもないことを頑張るのはもうゴリゴリだって思うとるっちゅうことじゃろ？ **裏を返せば、やりたいと心から思うことだけをしたいっちゅうことじゃ。**それでこそ人生も大逆転できるっちゅうもんじゃ。

3つ目の質問に『はい』って答えた人。この人はお手上げ状態。人間はこのお手上げができんのじゃ。宇宙の流れに逆らって、何でも自分の思い通りにしようとゴリゴリやる。いいかあ？ この状態は、川の流れに逆行して、必死で舟のオールを漕《こ》いでいる状態じゃ。労力を使うばっかりで、まったく前に進まん状態じゃ。**お手上げっちゅうんはなあ、このオールを手放して、川の流れのままに運ばれることを許すことじゃ。**そしたら、わざわざ漕がんでも、宇宙が最適な場所に運んでくれる。

それができない人間のなんと多いことか！ そうやって人間たちが無駄に苦労しとるのを見るに見かねて、ついにワシが満を持して、あの本を出したわけじゃな」

酔っぱらいは、これでもかと言わんばかりのドヤ顔で私を見た。言い返したい気持ちとは裏腹に、私の中の何かが反応するのを感じていた。

確かに今まで、自然な流れに逆行するばかりだったかもしれない。パートナーをゲットするために、無理して自分以外の人間になろうと、雑誌の「男がそそられる女」特集があると絶対に買って、必死にその条件をクリアしようとしていた。その結果がこれだ。

それだけじゃない。仕事だって、やりたいかどうかよりも、結局は世間体がよくて、1円でも多く給料がもらえる仕事に就ければよかった。好きでもない仕事を生活のためにいくらやっても、少しも楽しくないし、今となっては会社で肩たたきにまであっている。

そうやっていつも、本当はやりたくもないことをガマンしてやってきて、必死で体裁を取《と》り繕《つくろ》ってきた。

だけど、たいていうまくいかなくて、そんな自分がますます嫌いになり、疲れ果てている。確かに私は流れに逆行する生き方をしてきたかもしれない。

「言うとくけどなあ、あんたは今どん底状態だと思うとるようじゃが、ワシに言わせてもらえれば、宇宙を味方につける大逆転のチャンス到来じゃ。あの本のタイトルのようにな。まあ、それはこの先のあんたの出方次第じゃけどな。

あっ、そうそう。ワシ、ただの人間じゃないから。周りの人間を、こんなんして止められるのを見たら、あんたもワシがタダもんじゃないっちゅうんは、わかるじゃろ？　このダラ〜〜〜っとした姿は、世を忍ぶ仮の姿じゃ。時空を自在に操作できるっちゅうことがバレたら、ＦＢＩに追っかけ回されるからのう。能ある鷹は爪を隠すっちゅうけど、ワシのようなもんがここまで身をやつすっちゅうんは、なかなかできんことよ。

　こういうところが、何ちゅうんかなあ、本物の達人のゆえんともいえるとこじゃな」

　にわかには信じられない話だったが、確かに今、周りのすべてが止まっている。

「人生最大のチャンスをモノにしてみんか？　なんならワシがスペッシャルな個人指導しちゃるよ？　ワシに声をかけられるのは選ばれし者だけじゃ。こういうチャンスは、あんたの一生ではこれが最後だ。これを逃したら、川の流れに逆らう人生が続くだけじゃろうなあ。40半ばにもなって、夢も希望もない人生もしんどかろう」

　コイツ！　黙って聞いてりゃ言いたい放題じゃないか！

「だいたいあんたに私の何がわかるっていうんですか？」

「ワシが知らんとでも思ったか？　ぜ〜〜〜〜んぶお見通しじゃ！　今度こそ結婚できるって思うとった相手が、別の人と結婚することになったじゃろ。仕事でも全然芽が出ないどころか、リストラ候補。貯金も大してないし、お肌の曲がり角も急角度で5回くらい曲がったような状態じゃし、ウェストのくびれも捜索願を出しても見つからんような状態じゃしのう〜〜〜。イカンのう。女性がそんなんではイカン」

その言葉を聞いた途端、私の中の破れかぶれ火山がついに噴火した。

「私の人生を大逆転させられる力があるっていうんなら、見せてもらおうじゃないの⁉」

私は達人と名乗るこの酔っ払いをグッとにらみつけた。

「人間にはタイミングっちゅうもんがある。あんたは今、人生を大逆転できるだけの要素が見事に揃っとる。状況も年齢も立派なドン詰まりのエリートじゃ」

ドン詰まりのエリートって！　ちっともうれしくないんだよ。

「ワシはあんたの力を見抜いとる。ここまでドン詰まったからこそ、いよいよ本領が発揮できるんじゃ。

これからワシは節々であんたの前に現れる。そのときに川の流れに逆らうんじゃのうて、いかにして宇宙を味方につけてラクに運ばれるかを教えていく。あんたは話を聞いて終わるんではなく、実践していくんじゃ。ええか？」

「……こうなったらやってやりますよ。その代わり、何の役にも立たなかったら、警察に突き出しますからね。そっちも教えるなら、いい加減じゃなく真剣にやってくださいよ」

「上等じゃ。あんたも逃げ出さんように、どんなことでもやると誓うんじゃ！　ええか？紙に『私は達人の教えを守り、どんなことでもやります』って書いて、ハンコ押して用意しておけえ。

　覚悟が本物だとわかったタイミングで、ワシはあんたの前に再び姿を現す。覚悟ができないようならそれっきりじゃ。それじゃっ！」

　そう言い切ると、酔っ払い、いや、達人は忽然《こつぜん》と姿を消した。

　すると、さっきまで止まっていた世界が急に何事もなかったように動き出した。周囲には足音が響き、おいしそうな焼き鳥の匂いが漂ってきた。

　狐につままれたような気持ちだった。けれ

ど、私は居酒屋でやけ酒を飲むことをやめて、部屋に戻ることにした。無性に本の続きが読みたくなったのだ。

信じられないかもしれないが、これが私と達人の出会いだったのだ。

そしてここから私の仰天ストーリーが始まった……。

CONTENTS

CONTENTS

第3章 幸せには、知識も知恵も「ゼロ」でええんじゃ

第4章

魂という高性能の羅針盤を使え！

CONTENTS

第5章 幸せな金持ちにならんと意味ないじゃろう

第6章 人間関係は自分自身との関係で決まるんじゃ

CONTENTS

第8章

受け取ったものを、誰かに伝えるんじゃ

第1章

どん底おめでとう!?
宇宙とつながる扉が
開いたようじゃのう

私は急いでアパートの部屋に戻り、転がっているはずの本を捜した。

ところがどこを捜しても本は見当たらない。あのときはトチ狂っていたから、壁に叩きつけたつもりが、ゴミ箱に捨てたのかもしれない。だが、ゴミ箱の中にもなかった。

ベッドの下、本棚の後ろ、ほかにも本が飛んでいく可能性のある場所を全部捜したが、やはりどこにもなかった。あったはずの本がなくなるなんて……。

書店で達人の本を買ったところから、達人に商店街で呼び止められて、個人指導を受けることになったところまで、もしかして全部白昼夢だったのだろうか？

あまりのショックに、私の頭が一時的におかしくなったのかもしれない。だいたいあの達人だっておかしな人だった。あれはきっと現実じゃない。白昼夢だったんだ。

もし現実なら、買った本が消えたりなんてするはずがない。

そうだ、きっとそうに違いない。バカバカしい。達人に宇宙を味方につけて人生を大逆転する方法を教わるなんて、ありえない、ありえない。私もどうかしてたんだ。

だけど、それにしてもよくもあんなすごい白昼夢を見られたもんだよな。ついでに彼の結婚も夢ならいいのに……。そう思ったら、急に涙があふれてきた。

私の人生ってなんだったんだろう？　今までロクなことがなかった。男運はないわ、お金はないわ、出世もしないわ、おなかは出るわ……。こんな自分がマジで情けない！　いったいどこをどうしたらいいんだよ。もう本当にお手上げだよ。

へたり込んでボロボロ涙を流していると、達人の言葉が頭の中でリフレインした。

『お手上げっちゅうんはなあ、このオールを放して川の流れのままに運ばれることを許すことじゃ。そしたら、わざわざ漕がんでも、宇宙が最適な場所に運んでくれる』

ヘンな酔っ払いだったけど、なんかいいこと言ってたなあ……。

あの白昼夢の中で、私はこれまでの私の生き方がうまくいかなかったことを認めていた。

人にどう思われるのかばかり気にして、とにかく人並みになろうと頑張ってきたけれど、ちっとも報われなかった。あれは本当のことだ。

私には宇宙なんてよくわからない。だけど、もしも、流れに逆らうような生き方をやめれば、宇宙が私をもっと幸せな場所に運んでくれるというなら、運ばれてみたい。その流れにも乗ってみたい。見たこともない景色が見てみたい。

もう世間体を気にして生きるんじゃなくて、自分が心から楽しいと思えることをして、思い切り自分らしく生きていきたい。

私もあと数年で50歳だけど、残りの人生は後悔したくない。

そう思ったら、急に腹が据わってきた。いいんだ。あれが白昼夢でも。私にどうしたらいいかを教えてくれる達人なんていなかったとしても、私がそういう生き方を選び取ればいいだけじゃないか。

よ〜〜し、やってやる！　なんだよ、達人に絶対服従みたいな誓約書なんて！

そんなもん書く代わりに、私の決意を忘れないための誓約書を書いてやる！

> 私は今後、世間体や常識にとらわれて生きるのをやめます。
> 私は好きに生きます。
> それによってどうなろうと、何が起ころうと、
> 宇宙におまかせします。

私はレポート用紙を一枚切り離し、マジックをつかんで大きな文字で書いた。

書き終わったら、なんだか清々した。

そしてあの本のことも、達人のこともどうでもよくなってきた。

自分の人生に責任を持つんじゃ

そのときだった。

「ヒャ〜〜ヒャッヒャッヒャッヒャッ」

特徴のある笑い声が響いてきた。この声は、あの酔っ払いの声だ。幻聴まで出てきたなら、もう病院で診てもらうしかない。そう思って耳をふさいだが、あの達人が私の前に立っているではないか。

「あんた！　さすがはドン詰まりのエリートじゃのう。その調子じゃあ♪」

「何がその調子なんですか？　全然意味わかりませんけど！」

「ワシはあんたに最初の試験をしたんじゃ。ワシがいようといまいと、好きに生きるっていう誓約書を書いたろう？　ワシは見とったぞ。ようやった！　あんたは最初の試験をクリアした。ワシの教えを守ることはもちろん大事だが、それと同じくらい大事なのは、自分の人生に自分で責任を持つことじゃ。**人にどうにかしてもらおうと寄りかかっとるうちは、人生に大逆転なんて起こせん。いくらワシが教えても、ワシがいなくなったらそれで終わりじゃ。**けど、あんたのさっきの様子を見ていたら、自分で生きようとする覚悟を感じた。覚悟があれば、ワシからの教えを学んだあともその教えを活かして、人生を発展させられる。だからワシがいようといまいと、あんた自身で新しい人生に踏み出す覚悟があるのかどうか試したんじゃ」

「なんですって？　ひどいじゃないですか！」

「ワシは言ったはずじゃ。本当に覚悟が決まったことを確認できたところで、あんたの前に再び姿を現すと。そして、もしも覚悟ができていないようなら、それっきりじゃと。その通りのことをしたまでじゃろうが。

　あんたには今、人生最大のチャンスが到来しとる。さっき、自分への誓約書を書いたとき、どんな気分じゃった？」

「なんか、清々しました」

「たったそれだけかい？」

「なんていうか……自分にもこんな力があったんだなっていうか……」

「そうじゃ。あんたにはまだまだたくさんの力があるんじゃ。

どん底まで行ったことによって、今までの生き方を変えようって心から決意できた。そして、人から認めてもらい、愛されるために、人の基準に無理やり合わせて生きることがうまくいかんっちゅうことも、何十年もかかったけども、や～～～っと受け入れられた。


つまり、どん底まで来てよかったんじゃ。そこまで行かんと、人間っちゅうもんは、なかなか生き方を変えようとしない。なんだかんだ言うて、同じことを繰り返し続ける。


どん底を機に大きく生き方を転換できるなら、人生最大ともいえるチャンスになりうる。あんたは今そのチャンスを手にしとる。そしてそういうあんただからこそ、ワシはこの人と見込んで、あの本に書いた以上のことを、あんたに教えようとしているんじゃ。

いよいよ宇宙を味方につける扉が開いたようじゃのう。扉の中に入ってみたいか？」

「もちろんです！」

「よし、じゃあ始めよう」

「ちょっと待ってください。あの本は返してくださいよ。達人から直接学ぶだけじゃなく、本からも学びたいんですよ」

「本から学ばんでも、ワシから直接教わるんじゃからええんじゃ。今は、ワシの教えに集中せい。そのうち、どっかでまた本を出さんこともないから」

「じゃあ終わったら必ず返してくださいよ。復習に使えるかもしれませんから」

「復習に使えるかどうかは知らんが、悪いようにはせんから、ワシを信頼せえ。それじゃ、さっそく始めるぞ。まずは宇宙とはなんなのかっちゅう話からじゃ」

――あれは白昼夢ではなかったのだ。

うまくいかないことの多かった私の人生が、底を打って上昇し始めたようだ。

とにかくどうなろうと、最後までやろうと再び覚悟を決めた。

宇宙とはすべてを見通す創造の源じゃ

「よくワシは宇宙、宇宙と言うとるが、それは何も天文学的な宇宙を指しとるわけじゃない。便宜上、すべての創造の源のことをそう呼んどるだけじゃ。

すべての創造の源じゃから、ワシもあんたもこの世界も、ぜ〜〜〜んぶ宇宙が生み出したっちゅうわけやな。だからこそ、宇宙はすべてを見通せる。過去も現在も未来も、あらゆるものを見通し、すべてを動かすことができるのは宇宙だけじゃ。


あんたがどうすれば最高に幸せに生きられるのか？　そのために何をすればいいのか？　誰と出会わせて、どういう経験をすればいいのかも、宇宙は全部知っとる。


あんたに宇宙からの情報を受け取る態勢ができていれば、それを受け取ることもできる。それに関してはまたおいおい話そう。

じゃあ、宇宙というものが、ワシらとは別もので、どっか違う場所にいる、人間みたいな形をしたもんかっちゅうと、そういうもんじゃない」

私はよくわからなくなった。

「え？　どういうこと？　じゃあ、神様みたいなものじゃないんですか？」

「神様すらも宇宙が人間のサポート役として生み出したもんじゃ。そういうあらゆるものを生み出した大本が宇宙であり、ワシらと宇宙は、本質的にひとつなんじゃ」

「ひとつ？　ひとつってどういう意味ですか？」

「三次元じゃ、ワシとあんたがいるように、すべてのものが別々に存在しているように見えるじゃろ。だが真実の次元では、個という境界線はなく、ひとつなんじゃよ。

宇宙はすべてを生み出し続けているわけじゃから、無限そのものじゃ。それは無限の歓びであり、無限の愛であり、無限の豊かさであり、無限の叡智《えいち》だ。

宇宙とワシらが本質的にはひとつであるなら、ワシらも本質的には無限なる存在なわけじゃな。けど、人間は三次元に来るときに、そのことを一旦忘れて生まれてくることになっとる。なぜなら、この地球は、自分が本来無限なる存在であることを思い出すゲームの場所だからじゃ。

そのために、宇宙は三次元という次元を創ったともいえる。そこではあたかもすべてが別々に存在しているかのように見えるから、『あの人は持っているのに、私は持っていない』という、真実の世界ではありえない不足や競争、葛藤などの幻想が見えるわけじゃ。

なんでも持っとるのに、自分にはあれもない、これも足りない。その不足感からスタートして様々な経験をすることで、本当は自分と宇宙はひとつで、自分も同じように無限なるものであり、すべてであることに気づき、目覚める。それはこれ以上ないほどの感動であり歓びなんじゃ。

不足という幻想を体験したからこそ、そこまで深く感動することができる。それがいわゆる覚醒体験ちゅうやつや。宇宙はそんな感動をしてみたかったのかもしれん。

しかし、今はさらに次のステージに進もうとしている。それは、すべてがあることに気づき、目覚めた状態で、この地球を楽しむという高次のゲームじゃ。

このゲームは非常に面白い。『不足』が前提になっているはずの三次元で、宇宙の無限の歓びや、愛、豊かさ、叡智を、宇宙から思う存分引き出しながら生きることを楽しむ。

究極的には、姿カタチがありながら、真正の至福にまで到達するというものじゃ。

そのとき見える世界は、これまでとまったく別な世界じゃ。すべてが光り輝いて見える。

あの本の冒頭では、『宇宙を味方につける』という言い方をしとるが、それはこのステージに進むということを実は意味しとるんじゃ」

「すいません、まだよくわかりませんが、なんかとんでもなくすごいことなんですね」

「どん底からそんな世界に行けるなんて、想像もできないだろうが、逆なんじゃ。どん底まで来たからこそ、今までの生き方を手放して、次のステージに進みやすくなる。

これからワシが『宇宙』という言葉を使うときは、こういうものだと理解してもろうたらええ」

お手上げ状態こそ、宇宙とつながる最速の道！

「宇宙がどういうもんかはおおよそ理解できたか？」

「たぶん……。頭では理解できたと思います。まだ実感としてはわからないですけど」

「今はそれでええ。

そんでさっき、宇宙はあんたにとって最高に幸せになる手はずは整えとるっちゅう話をしたのを覚えとるか？」

「ええ、なんか受け取り態勢が整ったら受け取れるって言ってましたよね？」

「そうじゃ。いきなり奥義を教えたろう。

ええか？　一番受け取り態勢が整っとる状態こそが、お手上げ状態なんじゃ！

だ〜〜れもそうとは思っとらん。

どうにかして自分の思い通りにしようとしてばかりじゃ。

世界的な発明は、どういう瞬間に起こるか知っとるか？　『もう考えられることはすべてやった。もうお手上げだ！』。そう思った瞬間に、『そうか！　コレだ！』って閃く。その閃《ひらめ》きはどっから来たと思う？　宇宙から来たんじゃ。

　お手上げとは、頭が空白状態になっとる状態ともいえる。

　頭が空白状態になると、ああでもないこうでもないと考える、ごちゃごちゃした考えという雑音が、頭から消えるわけじゃ。そうすれば、もともと宇宙とひとつなわけじゃから、宇宙の叡智をキャッチできるようになるし、どうすればいいのかもピンとくるわけじゃ。だからお手上げ状態こそ、最高に受け取り態勢が整っとる状態なんじゃ」

ボ〜〜〜っとしとってええ、なんぼでも

「つまり、余計なことを考えんほうがええわけじゃな。もっと言うたら、ボ〜〜〜っとしとったほうがええわけじゃ。まあ、瞑想っちゅうもんも、なんかえらく高尚なもんに思っとったかも知らんけど、ボ〜〜〜っとしとる状態の一種や。たいそうなこっちゃない。

あんた、質問1の『ひたすらボ〜〜っとしていたい』にも、『はい』って答えたじゃろう。なんぼでもボ〜〜〜っとしとってええぞ。何も考えずにボ〜〜〜っとし続けられるなら、こりゃもう、宇宙の叡智やら何やらが流れ放題っちゅうことになるじゃろう。けど、人は『ちゃんと考えなイカン。考えが足りん』て、親や先生に言われて育つ。ワシに言わせてもろうたら、考えが足りんのではなく、考え過ぎによって、かえって混乱してしまっとるんじゃ。

どうじゃ？　今までだって、考え過ぎてもロクな結論なんて出んかったろう？」

「そう言われれば、悩んでるときって、頭にいろんな考えがグルグルグルグル回ってるだけって気がします。それで、『ええいもう、めんどくさい！』って、ふて寝すると、なぜか起きた途端にどうすればいいのかわかったりしました」

「まあふて寝ができるくらいなら、大した悩みでもなかったんじゃろうが……寝てもろうて、頭が空白になった隙を狙って、宇宙が叡智を流すという場合もあるんじゃ。

寝るということも実はとても大事なことなんじゃが、三次元で生きている限りは、活動することも大事じゃ。両方ないと回らん。だから1日に5分でええから、できるだけ一人になれる場所で、何も考えないでボ〜〜〜っとしてみることじゃ」

「ボ〜〜〜っとねえ……。
ボ〜〜〜っとしてればいいだなんて。そんなんで本当に宇宙が味方についてくれるんですか？　**ボ〜〜〜っとしてることなんて、しょっちゅうあったし、それでも何もいいことなんてありませんでしたよ**」

「いや。それはボ〜〜〜っとしとるんじゃなしに、どうでもいいことを、ボ〜〜〜〜っと考えとっただけじゃろう。決して空白状態のボ〜〜〜っとしとる状態じゃなかったはずじゃ」

「そう言われれば、何も考えていなかったわけではないかも。ぼんやり『今日は何味のカップラーメンにしようかなあ。いつも醤油味ばっかりだから、新発売の醤油とんこつ味にしようかな。う〜〜〜ん、でもたまにはカレー味がいいかもなあ。う〜〜〜ん、どうしよう』的なことを考えてたような気もします」

「本〜〜〜っ当にどうでもいいことじゃなあ。そんなふうに**人間はなかなか何も考えていない状態にはならんのじゃ**。とにかく1週間、1日に5分でいいから、頭を空白にしてみい。やってみればわかる。
ワシはまたこっちのタイミングであんたの前に現れるから。それじゃっ」

やり方も何も説明せず、達人は消えてしまった。

本当に頭を空白にするだけで、宇宙の叡智やら何やらが流れ込んでくるようになるのだろうか？

半信半疑だったが、とりあえず、達人に言われた通り、5分間頭を空白にすることにチャレンジしてみることにした。

手順とか理屈とか、まったくいらん！

頭を空白状態にするっていうことは、何も考えないってわけでしょ。何も考えないってことは、頭の中が無言状態ってこと？　ちょっとやってみるか。


うっ、く、く、苦しい。1分と持たん。イカン、息まで止めてた。

そのとき、ピーポーピーポーという音とともに救急車が近づいてきた。角を曲がった途端に音程が変わった。何効果って言うんだっけ、これ？　ドッペルゲンガー効果？　それって自分の姿を自分が幻覚で見るやつじゃなかった？　わかった！　ドーベルマン効果だ。それは犬だって。しかも結構強い犬。ああいう、怖い犬って苦手。やっぱり犬はポメラニアン。チワワはダメ。踏みつぶしちゃいそうで、こっちが怖いわ。

……って何の話だよ！　いつ頭が空白になるんだよ！

頭を空白状態にするってむずかしいなあ。何日間もトライしたが、かえって頭の中でおしゃべりが止まらなくなった。達人にやり方を聞こうにも、どうやって呼び出せばいいのかもわからない。

　5日目の夜には途方に暮れ、あきらめてお風呂に入ることにした。失恋でショックの上に、頭を空白にすることもできず、湯船で茫然《ぼうぜん》としていた。

　……………………………………………………

……………………………………………………

……………………………………………………

『あれっ!!　もしかして、今、頭が空白になってたんじゃ!?　そうかあ！　私の場合はお風呂でリラックスしたらいいのね。お風呂だったら頭も空白になりやすい！

ちょっと待ってよ。この『リラックス状態になれば頭が空白になりやすい』ってやつが、もしや閃きってやつ？　これが宇宙の叡智が流れ込むってやつなの？

そういうことかあ！　なんかわかってきたぞ」

と、その瞬間だった。

「はい、お待たせっと。達人さんの登場じゃあ♪」

「キャ〜〜〜！　こののぞき魔！　あんた！　やっぱりのぞき魔だったのね！　人がお風呂に入っているときに登場するなんて！　ＦＢＩに通報するまでもない、近所の交番で十分よ！　突き出してやる！」

「やめろ、落ち着けえ！　ワシャあ、あんたに決して欲情せんて。ここは浴場やけどな」

「ふざけるな！　てめえ、容赦しねえぞ！」

「女がそういう口のきき方をするでねえ。それじゃけえ、女としては見れんのよお。わかった、わかった。風呂場から出るけえ、早く上がれや。今重要な局面やったでえ」

私は怒りが収まらないまま、急いでお風呂から上がった。

「時空を超えられるんだか、時空を操作できるんだか知らないけど、あんたのやってることは、のぞきっていう立派な犯罪だからね」

「すまん、すまん。あんたが頭を空白にするコツをつかんだタイミングを逃さんよう、間髪をいれずに登場しただけじゃあ。許せ、許せ。そもそもあんたには欲情せんけどな」

「そういう問題じゃないでしょ。今度やったら、本当に通報するからね」

「落ち着いてくれや。そいで、あんた、さっき頭を空白にするコツ飲み込めたじゃろ。しかも、リラックス状態になれば、頭が空白になりやすいって閃きもあったじゃろ？」

「5日もやってるのに、さっぱり頭の中のおしゃべりが止まりませんでしたよ。それで途方に暮れてお風呂に入ったときに、突然その状態になりました」

「ワシはとりあえず、5分間くらい頭を空白にしてみい、ちゅうたじゃろう。どうすればそれができるようになるか、手取り足取りは教えなんだ」

「そういうところが文字通りいい加減な達人ですよね」

「いやいや、そうやない。わざと教えなんだ。実際に自分でやってみて、試行錯誤してみんことには、本当のコツなんちゅうもんはつかめんのじゃ。

あんただって、そうやって試行錯誤を重ねてみたから、頭が空白っちゅうんは、どういう状態で、どういうときにそうなれるのかつかめたじゃろう。そして、頭が空白になると、本当に閃きが降りてくるっちゅうことも身をもって体験したわけじゃ。こっちのほうがよっぽどしっかり『頭を空白にする』ということを自分のモノにできる」

「まあ、確かに。うまくいかなくてイライラしましたけど、手取り足取り教えてもらったら、こんなに感動はしなかったと思います」

「もしワシが、『これから頭を空白にする手順をお教えしまぁ～～す。まずぅ、背筋を伸ばして座りまぁ～す。そしてぇ、軽く目を閉じて、深呼吸を繰り返しまぁ～す。頭の中にいろんな考えが浮かんでくるかもしれませんがぁ、その考えを追わずにぃ、ああ、今そう考えたんだなぁってスルーしていくとぉ、あるところでぇ、頭が空白となりまぁ～す』みたいにいちいち教えとったとしたら……」

「ちょっと！　ちゃんと頭を空白にする手順があるんじゃない！　なんで教えてくれなかったのよ。無駄に時間だけかかったじゃないのよ！」

「いや、そうやないな。最初から手順を教えとったら。手順を追おうとしてかえって頭が忙しくなるんじゃよ。**頭が本当に空白になるときっちゅうのは、今日のあんたのように、『やれることやってもなかなかうまくいかなくて、もうどうしようもなくなって、わけわからん～～～！　もうお手上げじゃあ～～～！』ちゅうときに起こる。**

今の人らは、何でも理屈やノウハウでどうにかできると思うとる。その理屈が、頭を空白にできない元凶じゃ。はっきり言うてなあ、理屈なんてどうでもええ。そこを超えられたとき、宇宙とつながり、宇宙が味方についてくれるようになるんじゃ。どうじゃあ、ええこと言うじゃろう？　ヒャ〜〜〜ヒャッヒャッヒャッヒャッ」

「まあ、お手上げって、そういうことなんだっていうのは、実際に体験してみて少しは理解できたような……」

「あんたの場合は湯船に浸かってるときに頭が空白になりやすいわけじゃな。

人によっては、ろうそくの火を見つめているときがいいとか、空を流れる雲を見ているときがいいとか、いろいろあるんじゃ。**ひとつでも自分の得意な空白になりやすい状態をつかんだら、さっきワシが教えたような手順で、座って、目を閉じて……深い呼吸を繰り返す瞑想といわれるようなやり方をとっても、頭が空白になりやすくなる。**

もっと慣れてくると、ふとした瞬間にも、思考を止めて空白状態を作れるようになってくる。面白いから、あれこれいろいろ試して、さらにコツをつかんだらええ」

「わかりました。ひとつ感じたことなんですけど、あの空白状態って、すごく気持ちいい状態でした。何も考えてない状態って、心が休まるっていうか……」

「そうじゃ。つまり、**宇宙とつながってる状態っちゅうんは、とても深い安らぎのある状**

態なんじゃ。その状態を心地いいと感じられたなら、なかなか筋がええぞ。そん調子でいろいろ試してみい」

「はい。わかりました。なんかリラックスっていうのがキーワードみたいな気がしたので、私がリラックスしやすい状態を思い出してやってみます」

あんたは、そもそも魅力を持って生まれとる

「ちょっと聞きたいことがあるんですけど、いいですか？　達人は私を見ても、女性として欲情しないって言いましたけど、じゃあどうすればもっと魅力的になれるんですか？」

「魅力的なあ。あんた、どういう人と一緒におるとき、楽しい？」

「そりゃあもう、達人と違って昼間から酒とか飲んでないで、身なりがきちんとしておしゃれで、もちろんイケメンで、やさしくて、頭がよくて、年収がそうだなあ……3000万くらい。そのくらいあったら申し分ないかなあ」

「何を言うんとんじゃあ。ワシの本当の姿は王子様のようなイケメン中のイケメンじゃあ。

あまりにイケメン過ぎるそのままの姿で現れてしもうたら、世界中にファンクラブができてＦＢＩに見つかってしまわんとも限らん。じゃけえ、その真逆をいく姿なわけじゃ。

あんただって、そんなワシを見たら、惚れてまうに決まっとろうが。ワシは教え子とややこしいことになるんは好かん」

「大丈夫です、そこはご心配なく！　たとえ見た目がすごいイケメンでも、精神面がのぞき魔的な人は、好きになりませんので、決して！」

「今、精神面ちゅうたなあ。そうや、大事なんはそっちや。好みのタイプを聞いとるんじゃない。**どういう人とおるときに、心から楽しい気分になれる？**」

「飾らないオープンな人かな。さっき、イケメンがいいみたいなこと言いましたけど、イケメンでも、カッコつけてるような感じの人だと、話してても壁を感じます」

「そうじゃろう！　つまり、カッコつけずにオープンやったらええわけじゃ。それは男女共通のことじゃ。学校でもモテる女子っちゅうんは、必ずしも美人とは限らんかったじゃろう。飾らなくて気さくで愛嬌のある子やなかったか？」

「そう言われれば、一番モテてたのは、意外にそんな美人ってわけでもない子でした。でもなんか魅力的なんですよね。人を引き付けるっていうか……」

「その子が人を引き付ける力があった理由は、あるがままの自分を好きじゃからじゃ」

「自分のことが好き？　えええええ？　じゃあ、自己中ならいいってことですか？」

「それは違う。**飾らんわけやし、自分をオープンにできるっちゅうんは、自分はこれでええって思うとるっちゅうことじゃあ。**そう思えんかったら、自分のことをそのまま出せんじゃろう。

　ただ肝心なんは、カッコつけずにオープンでいるにはどうしたらええのかっちゅうことじゃあ」

「ええ、それが知りたいです。私だって私のことを好きでいたいですよ。でも、ウエストを捜索願出しても捜し出せないとか言われたら、こんな自分でいいだなんて思えなくなりますよ。女性はデリケートなんですから、あんなこと言わないでほしいんですよね」

「そうじゃな……けどなあ、なんであんたがワシにあんなこと言われるかっちゅうことや。これも宇宙の法則なんじゃよ」

「宇宙のせいにするのはやめてください。ただ単に口が悪いだけでしょ」

「いやいやいやいや、そうやない。**自分が自分をどう思っているのかを、他人は映し出すんやて**。三次元では、みんな別々に存在してるように見えるけど、本質的にはひとつじゃっちゅう話をしたのを覚えてるかあ？」

「はい、覚えています」

「すべてがひとつなわけじゃから、他人もある意味自分みたいなもんじゃ。じゃけえ、三次元ちゅうとこは、自分がいくら口には出さんでも、『こんなにおなかが出て目も当てられん』って腹の底で思うとると、それをほかの人間が口に出して言うことになる。それで自分が本当は自分自身をどう思ってるかに気づけるんじゃ。

　っちゅうことで、ワシは宇宙の法則にきれいにのっとって、わざわざ言いたくもないことをあんたのために言わせられとったわけじゃあ。愛ある隣人ちゅうことや。なかなかできんこっちゃあ。達人やから憎まれ役も買って出とるんじゃあ、ありがたいと思わんと」

「全然ありがたくありません。もっと褒めてほしいです」

「あっ、今ええこと言うたよ。自分自身で答え言うたよ」

「どういうことですか？　さっぱりわかりませんけど」

「さっき、『自分が自分に対して思うとることを、他人があんたに向かって言う』と言うたじゃろ？　ということはじゃあ、**褒めてほしいなら、自分が自分を褒めることじゃ。どうじゃ。**全然自分のことなんて褒めとらんじゃろ？　違うか？」

「褒めるだなんて。褒めるところなんてありませんよ」

一番ナメたらイカンのが「自分」じゃ！

「なぁにを言うとんじゃあ！！！！　しっかりせえ！

あんたは今日まで必死で生きてきたんと違うか？　フラれても、前を向いて、ワシのような達人の教えを学んで、自分を幸せにしようとしとるんじゃないのか？

こんなに必死で生きとる自分を褒めずに誰が自分を褒めるんじゃ！

だいたいなあ、人間をやっとること自体、宇宙から見れば、すごいことなんじゃ。

つまり、生きとるだけで立派。１００点。言うことナシじゃ！」

「生きてるだけで立派だなんて、一度も思ったことありませんよ。学校でも成績がよくて、走るのも速くて、みんなからも人気がないと認められませんでしたし……。

必死で理想通りの人間にならなきゃって頑張ってきましたけど……」

「ところがそうなろうとしてもなれんどころか、むしろ疲れ果ててもう頑張れないって思ったんじゃろう。だから質問2の答えも『はい』じゃったわけじゃあ」

私は返す言葉もなかった。あまりにその通りで悲し過ぎた。

「自分以外の人間になろうとせんでええんじゃ。宇宙はあんたのような人間を創りとうて創った。そもそもありのままで魅力的な人として創造したんじゃ。だから、**あんた自身もそのことを認めて、どんな自分でも愛するなら、あんたが生まれ持った魅力は自動的に表に出るんじゃ。**

つまり、魅力的な人間になろうとするんじゃのうて、そもそも魅力的な人間であると認めていくことなんじゃよ。ワシ、またまたええこと言うとるなあ」

「どうやって？　どうやって、この私を魅力的だって、認めればいいんですか？」

「そうじゃな。何やっても褒めてみい。1日中何やっても。朝起きたら、よく起きた。トイレ行ったらよく出した。ご飯食べたら、よく食べた。腹が立ったら、腹を立ててもええよ、そういう自分も大好きじゃ。さびしくなったら、さびしいって思ってもええよ、そういうところも大好きじゃ……**次から次へと褒めて、許して、認めてみい。**

1週間くらい徹底的にやってみ？　ワシが言っとったことがどういうことか、わかるじゃろう。あっ！　そうそう、頭を空白にする時間も継続的に取り続けるんじゃ。せっかくコツが飲み込めたんじゃ。その感覚にもっと慣れていったらええ。
ワシはまた、ワシのタイミングで登場する。それじゃっ」

達人が消えて、私は一人取り残された。

私なんてどこも褒めるところなんてないって思っていた。けれど、達人の言った「こんなに必死に生きとる自分を褒めずに誰が自分を褒めるんじゃ！」という言葉が、胸に刺さっていた。

そうだ！　いろんなことがあったけど、今日までよくやってきたじゃないか。そんな私を私自身が嫌ったら、あまりにかわいそうだ。

自分が自分を叱り飛ばすことが、自分を鍛え、幸せにすることだと思ってきたけれど、そうはならなかった。その逆だった。むしろそれが一番つらかったのだ。

だったらこれからは、どんな自分でも認めて、愛して、応援していきたい。

とりあえず1週間集中して、何をやっても褒めたり、許したり、認めたりしてみよう。

もしかしたら、ずっとそうしてほしかったのかもしれない。

いや、そうなのだ。やっとそのことに気づけた。

「私、よくやった！　よく気づけた！」

さっそく口に出して褒めてみた。少しくすぐったい気もしたが、なんだか心にポッと灯が点ったようだった。

「生きてるだけで満点！」と褒めるんじゃ

それから私は、自分が何をやっても褒めたり、許したり、認めたりし続けた。

達人が言うように、会社に行くために朝起きられただけでも、「よく起きた、立派」。

トイレに入っても、こうして健康的に排泄できる自分に、「立派なのが出たじゃない。健康そのものだね」って言ってみた。

内心、生まれたばかりの赤ちゃんじゃないんだからさあ、そんなことまで褒めなくたっていいじゃないっていう気もした。でも、そこまで褒めてみて、普通に排泄できなくなったらものすごく困るということに、今さらながら気づいた。そして、私の体が健康を維持してくれているということに、今まで感じたことのない感謝の気持ちが湧いた。

会社で仕事のミスをしても、「ミスしたってことは、何に注意すればいいかわかってよかったんだ。そう思える自分は素晴らしい」って思ってみた。

そんなふうに自分を励ましたことなんてあったかな？ **今までたいていは、「何やってるんだよ。何年もやってるのに、バカじゃないの！」って自分を責めていた。**

責めずに自分を励ましてみたら、責めていたときよりも、ずっと集中して仕事ができた。明らかに仕事の効率が上がったのだ。

けれど、仕事帰りに、手をつないでデートをしているカップルを見たときは、どうしようもなくさびしい気持ちになった。こんな気持ちなんて味わいたくないのに……。

ナイフが刺さっているように胸が痛み、涙がにじんできた。

だけど、勇気を出して自分に言ってみた。

「さびしいと思ってもいいんだよ。そういう自分のことも大好きだよ」

すると不思議なことに言葉が続けて出てきた。

「大丈夫だよ。私はいつもあなたの味方だよ。あなたとずっと一緒にいるよ」

私は自分にこういう言葉をかけてあげたかったんだ。あんなに自分に厳しかったのに、自分を愛する力があるじゃない。私も捨てたもんじゃない。私は自分に感動した。

「そんな言葉をかけられる私は、なんて素晴らしいんだ」

――その褒め言葉は、本心から出た言葉だった。

それからも毎日自分を褒め、認め、許し続けてみた。すると、不思議なことに、いつも皮肉を言う同僚が、皮肉を言わなくなった。上司も頭ごなしに叱ったりしなくなった。

私が私にやさしくなった分、周囲の人もそれを映し出して、少しやさしくなったのかもしれない。

それよりも何よりも、私の心が温かくなった。その温かさが私を幸せな気持ちにした。

こうして褒め続けてみたら、達人が言う通り、自分がいかに一生懸命生きていたのか改めて実感した。生きてるだけで１００点……。本当にそうなのかもしれないと思った。

頭が空っぽだと無限の叡智が流れ込むんじゃ

ちょうど1週間経った日の夜、よくやった自分をねぎらおうと、会社帰りに静かなカフェに立ち寄った。ちょっと贅沢をして値段が高めのグアテマラコーヒーを注文してみた。

「ふぅ～～～～～」

カップが唇に触れる感触。舌先から喉の奥に広がっていくコーヒーアロマ。熱いコーヒーが喉を通って、胃の中に落ち、体が温まる感じ……。

そのすべての感覚に身を委ねた。何とも言えない至福感が広がっていった。


この感覚、そうだ！　湯船に浸かっていたときの、あの感覚と同じだ！

ゆったりとコーヒーを味わっているときも、私の頭は空っぽになりやすいと気づいた。

この１週間で、今までガチガチにこわばっていた心が、少しずつ緩んでいった。私みたいな人間も、生きてていいんだと思えるようになってきた。そして心が緩んだことで、頭が空白になる瞬間も増えていった。

だけど、このカフェのテーブルの向かい側に、素敵な彼が座ってたら、もっといいんだけどなあと、顔を上げた瞬間、素敵な彼とは似ても似つかないものが！！！！

「はい、どうも～～～。達人さんじゃよ～～～～♪」

こいつは人のリラックスタイム荒らしなのか！

「なんで、このタイミングなんですか？　せっかくくつろいでたのに」

「ワシもたまには一緒にお茶くらいしたってよかろう？」

ふと見ると、いつオーダーしたのか、達人の前にはコーヒーと、山盛りのクリームにフルーツやらナッツやらいっぱいトッピングされている、一番値段が高いスペシャルパンケーキがあった。

「いつの間に⁉」

「ここはあんたのおごりじゃあ。こんくらいのもん、ワシの特別な個人指導の授業料だと思ったら安いもんじゃ。本来なら、この店全部をおごってもらってもええくらいじゃ。ヒャ〜〜〜ヒャッヒャッヒャッヒャッ」

「勝手にオーダーしないでくださいよ」

「そうやってケチケチしとると、宇宙が味方についてくれんよ。**宇宙は無限なんじゃから、あんたも心を広く持たんと、宇宙と周波数が合わなくなってくるでぇ**」

「どういうことですか？」

「あのなあ、ラジオってあるじゃろう。ＦＭワシっていう放送局があるとしよう。ＦＭワシの放送を聞こうと思うたら、あんたどうする？」

「そうですね。あんな放送を聞こうと思った自分はどうかしていたと反省します。そして、迷うことなくＦＭ横浜にチューニングします」

「わかっとらんのう。ＦＭワシは今や世界であんたしか聞けん超レアかつ、超お役立ち情報満載の放送局じゃっちゅうに。まあええ、じゃあＦＭ横浜にチューニングするにはどうする？」

「もちろん、ＦＭ横浜の周波数に合わせます」

「そうじゃろう。**宇宙を味方につけるには、ラジオと同じように、宇宙の周波数に合わせることなんじゃ**。そうすりゃあ、宇宙の無限の叡智も、幸せも、豊かさも、愛も、チャンスも、もうあらゆる素晴らしいもんが、最高のかたちであんたにもたらされるんじゃ。

　ということは、あんたも宇宙と同じように、幸せな気分でいたり、豊かさを分かち合う広い心でいたほうが、ええこと増えるっちゅうこと。

　これはなあ、超重要ポイントじゃ。

　頭を空っぽにしてボ～～～っとしとると、そこに宇宙の無限の叡智やら何やらが放り込まれやすくなるっちゅう話はしたなあ。それももちろん大事なことじゃ。

　だけどもうひとつ大事なことはな、さっきも言うたように、**宇宙の周波数と同調するよ**

うに、幸せだったり、快適だったり、心地よかったりする状態を心がけることなんじゃよ」

「じゃあ、たとえば、さっきコーヒーを飲んで気分がよくなってたみたいなこととか、いいわけですか？」

「そうじゃそうじゃ。だからそのタイミングを逃さんように、ワシは時空を超えて現れたっちゅうわけじゃなあ。

　ワシはいつもあんたがどういう状況にあるのか、のぞき見しとるんではなしに、あんたの出しとる周波数をキャッチしとる。そんで、その周波数から、今どういう状態にあるのか把握して、ここぞというタイミングで時空を超えて、あんたの前に姿を現しとるわけじゃのう。そこらのイリュージョニストも真っ青じゃろう」

「そうなんですか。実は私、1週間ずっと自分を褒め続けてたら、幸せだなって感じる瞬間がすごく増えたんですよ。素敵な彼ができたとか、臨時ボーナスが出たとか、そういう特別なことがあったわけではないんですけど、気持ちがとても楽になりました。そういう状態だったら、宇宙の周波数とも同調することになるんでしょうか？」

「もっちろんじゃあ♪　**自分を褒めたり、認めたり、許したりすることでますます宇宙の周波数と同調できるようにもなるんじゃあ。**だからいろんな意味で、自分を褒めるっちゅうことは、超重要なわけじゃ」

お供え物なんかなくても宇宙は困らん！

「ええか！　宇宙っちゅうんは無限なんじゃ。与えても与えてもなくならんのじゃ。しかも、無料じゃあ〜〜〜〜〜。そんなもん世の中にあるかあ？　そんな宇宙を味方につけずして、どうするんじゃっちゅう話じゃあ！」

達人はかなり興奮して、ひときわ大きな声になった。私は周りのお客さんたちがびっくりするんじゃないかと見渡したが、またしてもすべてが止まっていてホッとした。

「宇宙は見返りとか求めないんですか？　たとえば、神様にはお供え物とかしますよね？そういうものはいらないんですか？」

「宇宙そのものが無限じゃっちゅうのに、そんなもんいるかい！　そんなセコイもんちゃう。はっきり言うてなあ、神様以上じゃ。そんなもん話にならんで」

「そんな、うまい話ってあります？」

「ある！　けど、本質的にはうまい話とかそういうレベルの問題じゃない！　それこそが**宇宙の尊い尊い無償の愛**なんじゃ。なぜ宇宙がこんなに与えようとしとるかわかるか？」

「なんでだろう……人間界ではありえないことなので、よくわからないです」

すると突然、達人は手をくねくねさせながら踊り出した。

「なんでだろう♪　なんでだろう♪　なんでだなんでだろう♪　テツａｎｄトモやっとる場合ちゃうでえ」

達人は明らかに調子に乗っている。

「それはなあ、宇宙とあんたもワシもひとつやからや。あんたとワシ、みたいに切り離された意識ではないからなんじゃ。今は『すべてがひとつ』と言われても、どういうことかまだわからんかも知らん。けどな、すべてがひとつっちゅうことは、まったく分け隔てなく、損得抜きのものなんじゃ。

そんな宇宙に報いるとしたら、しいて言えば、あんたが幸せであることじゃ。もっと言うと、**そもそも幸せだったことに気づいて、その上で、この地上で宇宙の無限性を体現することじゃ。それがこの宇宙への最高の貢献じゃ。**

ワシにもそういうものを感じるじゃろう。そうじゃなきゃ、こうしてドン詰まりエリートのあんたに、無償でいろいろ教えたりせんからなあ」

達人は自分に酔って目をウルウルさせていた。キモっ！

宇宙は私が想像していた以上に、無償の愛に満ちたもののようだ。達人から指導を受けている私だけでなく、この世のすべてのものに、宇宙の愛が降り注がれているらしい。

しかし、それに気づいている人は、きっと少ない。それどころか、無限の宇宙からさまざまなものを受け取れる術があるなんて、ほとんどの人が知らない。

私はこんなヘンテコなおっちゃんから、今、すごく貴重なことを教えてもらっているのだ。そのことが、やっとリアルにわかってきた。

そして、無限なる宇宙が与えてくれるものを受け取らないほうが、かえって宇宙に対して失礼なことなのかもしれないという気さえしていた。

どんどん気楽に、幸せになったらええ

「どうじゃ。ワシの話。あんたの胸に響いたじゃろう？」

「はい。なんだか、宇宙の愛っていうんでしょうか……。そのぬくもりを感じました」

「今まであんたもいろいろあったじゃろう。自分を、何やっとるんじゃあ、ダメじゃろう言うて、散々責めてきて。頑張っても頑張っても、欲しいもんが手に入らんで、かえって遠のくばかりで。どうしてこんなにうまくいかんじゃろう思うて、悲しくなって。

かなりかなりかな〜〜〜り頑張って、やっと少し何か手にしても、それがすぐに手からこぼれ落ちていって。

なんでこんなツイてないんじゃろうなあって、途方に暮れとったじゃろう」

「そ、そこまでひどくないんですよ。まあそんなもんですけどね」

「ここらでもう、ツラい堂々巡りみたいなことは、やめにするんじゃ。そのためには、

①自分に合ったやり方で頭を空白にする時間を作る

②どんな自分のことも許し、認め、受け入れる

③宇宙の周波数と同調できるよう、幸せや快適さを感じられる状態を心がける

この3つのことを、徹底的にやるんじゃ。これが、**宇宙が味方についてくれる三大基本**

原則じゃ。

忘れたらイカンから、紙に書いて、トイレのドアの裏にでも貼っとくこっちゃ」

「帰ったらすぐに紙に書いて貼っておきます。手帳の裏表紙にも書いて、忘れないようにします」

「その調子や。これからまたおいおい、いろんな話をするけど、もっとラクに幸せになってええんじゃ。っちゅうかあ、それこそが真に幸せになっていく道や。もっと詳しい話はまた現れたときに話す。そのときまで、この3つのことを徹底してやるんじゃ」

「はい。ありがとうございました」

「なんかあれやなあ、あんた素直になってきたのう。そうそう、さっきコーヒー飲んでまったりしとったときの、満ち足りた表情。めっちゃよかったで。あんたもなかなかしおらしいっちゅうか、かわいいとこあるんじゃなあって思うた」

「あれっ？　今日は褒めてくれるんですね」

「そりゃそうじゃろう。あんた自身も1週間、自分のことを一生懸命褒めまくり、そんな自分のことをよくやったって思ったじゃろう？　それが目の前の人に映し出されとるっちゅうことじゃ。どうじゃ？　ワシのおかげで、効果てきめんじゃろう」

「言わされた感じがしますけど、まあ、ありがとうございました」
「ここはあれじゃ。宇宙の無限の豊かさの周波数と同調させる一環として、コーヒーとパンケーキ代、ケチケチせんと、よろこんでおごるこっちゃで。これも大切な学びじゃ」
「わかりましたよ。おごりますよ」
「それじゃっ」

達人は、伝票と、カラになったカップと皿を置いて、いつも通り消えた。

このカフェで一番高いパンケーキだったけど、私は正直に言って払うことがイヤではなかった。今日の教えは、とても大事な教えだったと素直に思えたからだ。

いつも私を気にかけてくれて、こうして時空を飛んでやってきてくれる達人は、ちょっといい加減でふざけているように見えるけど、愛がある。惚れるということはありえないが、それでもこの人と出会えたことは、私の人生最大のミラクルなのかもしれない。

私は家に戻ると、早速トイレの扉の裏に、三大基本原則を貼った。

手帳にも、ゴールドのペンで大きく書いた。決して忘れないように、そしていつも心がけられるように。

1、自分に合ったやり方で頭を空白にする時間を作る
2、どんな自分のことも許し、認め、受け入れる
3、宇宙と周波数を同調させるため、幸せや快適さを感じられる状態を心がける

ここまででわかった

宇宙の大事なこと

❶

「人生のどん底・頭真っ白」状態が、
最高に幸せになれるチャンス

❷

自分を褒める、認めることが、
宇宙とつながる第一歩

❸

達人は怪しいけれど、
のぞき魔ではない

その先は、まだ秘密…

第2章

意識の「向き」に責任を持つんじゃ

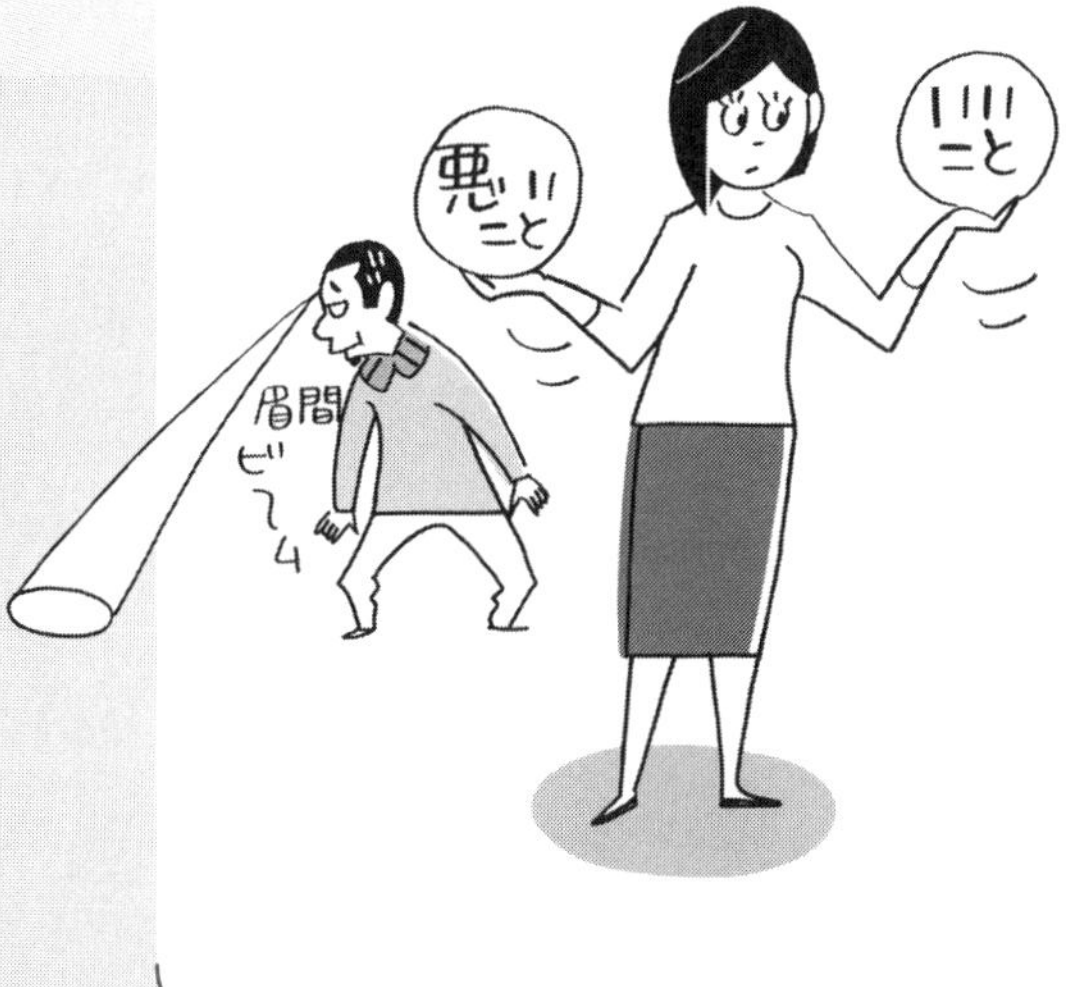

大ショックは大幸運の始まりじゃ

ああ、どうしよう。

達人に教わった宇宙を味方につける三大基本原則を、毎日一生懸命心がけ、せっかく調子も上がってきたところだったのに……。なんでこんなことが起こるんだ！

彼の結婚披露宴の招待状が届いたのだ。それは、うやうやしい立派な封筒で届き、中を開けると、二人の名前が書かれた招待状と、出欠確認用のはがきが入っていた。本当は、ここに私の名前が入るはずだったのに。

せっかく上がってきつつあったいい気分が、いとも簡単に急落した。

『落ち込んだっていいんだよ。私はあなたの味方だよ。私はいつもあなたのことを愛してるよ』

精一杯頑張って、自分に慰めの言葉をかけたが、かえって虚しくなるばかりだった。彼の花嫁になる人は幸せの絶頂にいるのに、私はいったい何をやってるんだよ！

一生懸命こんなことを頑張っている自分が、情けなくなってきた。達人は、それでもやれと言うのだろうか……。

「うん、そうじゃ」

「なんですか！　また急に！」

またしても達人は、不意に現れた。

「あなたの教えてくれた通りに私は一生懸命やっていました。それなのに、どうしてこんなことが起こるんですか？　宇宙が味方してくれてるなら、こんなもんどうして受け取ることになるんですか⁉　全然わかりません！」

「あんたの落ち込む気持ちはわかる。ようわかるで。一見最悪のことが起こっているように見えるときほど、すごいチャンスが巡ってきとるときや。ここで同じ轍《てつ》を踏むんじゃなし、こういうときこそ学ぶんじゃ」

「必死で自分を慰める言葉をかけましたよ。でもどうしても気持ちがついていかない。気休めにもならないのに、何を学べばいいっていうんですか？」

私は泣きながら訴えた。

「そんなつらい状況の中で、よう力を振り絞って、自分を慰めたなあ。それだって今までのあんたからしたら、大進歩。以前じゃったら、招待状なんてその場でビリビリに引き裂いて、『なんで私はいつもこんなひどい目に遭うの⁉　私がしっかりしないからこんなことになるんだ！　ああもう、私なんて消えてなくなれ！』と罵倒しとったじゃろう？」

私は引き付けを起こしそうなほど嗚咽していて、言葉も出なかった。

「だけど、今は自分を責めなくなった。まあその分、ワシが責められてるような感じになっとるがのう。まあ、ワシ、相手がSっぽく出てくるとMも対応可能じゃから。達人ちゅうのんは臨機応変なんじゃ。ヒャ〜ッヒャッヒャッヒャッヒャッ」

何を笑ってんだ、こんなときに！　私は泣きながら渾身の怒りを込めて、ギロリと達人をにらみつけた。

「落ち込んどるときは、無理に元気出さんでええ。人生にはそういうこともある。無理に元気を出そうと思うても、かえって落ち込むだけじゃ。けどなあ、ただの落ち込み損で終わるな。どん底で、お手上げの時こそ、チャンスじゃっちゅう話をしたろう。

今のあんたには、とてもじゃないが、そういうふうには思えんじゃろうが、これは**宇宙からの、『あんたはここまでようやった。さあ、次へ進め』っちゅうサイン**じゃ。

ええか、今日は泣きたいだけ泣いたらええ。それと、出欠のはがきには出席に○して出すんじゃ。これがどういう学びになるのかは、明日ゆっくり話したる」

「そんなこと、とてもじゃないけどできません。達人のほうこそドSじゃないですか！」

「今は理解できなくてもええ。けど、これはあとでとんでもなく役立つ学びになる。だからここをスルーするわけにはいかんのじゃ。それじゃっ」

言いたいことだけ言うと、達人はまたどこか別の時空に消え去った。

ウェディングドレスを着て、みんなに祝福されている花嫁の姿が浮かんだ。

何もする気になれず、そのままベッドに突っ伏して泣き続けた。

泣き疲れて、いつの間にか眠ってしまったようだった。朝起きたら、普段着のままの私がうつぶせで寝ていた。

慌てて時計を見ると、なんとか会社に間に合いそうな時刻だった。急いで起きて顔を洗おうと洗面所に行くと、両目がパンパンに腫れ上がった私が映っていた。

「こんな顔で会社になんて行けないよ」

そもそも気力などゼロに等しい状態だった私は、会社に電話し、体調不良だと伝えて、休むことにした。

自分が「意識を向けた方向」こそ現実になるぞ！

放心状態でベッドに腰かけている私の前に、再び達人が現れた。

「おやおや、あんた。伝説のお岩さんを超えたなあ。お岩さんは片目で済んどるけど、両目じゃからなあ。そんなになるまで泣いたんなら、だいぶ悲しみも洗い流せたろう」

私は達人と目も合わさず、焦点の定まらない視線を床に落としていた。

「人は自分ではどうにもできんような、ショックな出来事にぶち当たることがある。

そんときに、自暴自棄になって、人生を捨てたらイカン。その落ち込みを、逆手に使うんじゃ。ええか。どんな出来事の中にも、自分にとっての希望を見ることは可能なんじゃ。

希望を見ることができた人間はなあ、その状況で見た希望の光に導かれ、人生をもっと幸せな方向に転換できるんじゃ。

もしも、どんなことにも希望の光を見ようとするなら、何が起ころうと、強くたくましく生きていけるようになる。これは値段など付けられんような、とんでもない財産じゃ」

ぼやけた頭の中に、達人の魂のこもった言葉が少しずつ入ってきた。

「そのために大事なことは、自分の意識の向きに注意することじゃ」

「意識の向きって？」

「ええか？　**悲しい、さみしい、自分は結婚できない負け犬だって方向に向いている気持ちが、今のあんたの意識の向きじゃろう？**」

「……いけませんか？」

「ちゃんと気づいとるやないか。自分が今、どういう気持ちになっていて、どっちに意識が向いとるか、わかっとる。それで、そんな方向に意識を向け続けてどうじゃ？」

「暗がりの中にいるようで、先が見えない気分です」

「つまりこういうこっちゃ。冷静に客観的に見てみれば、自分からわざわざ落ち込んで、周波数下げて、宇宙に味方してもらえんような状況を作っとるわけじゃ。一晩泣き明かして、少しは冷静に今の状況が見られるようになったんちゃうか？　今、ワシの言うとること、何となくでも理解できるか？」

「そうですね。悲しい上に、自分をもっとおとしめて、私って、ホント、どうしようもない人間なんですね」

「ちゃうわあ！！！　そんなこと言いたいんちゃう！！！　いつまでも自分を不幸にする自己憐憫に浸っとるんやない！！！　ええ加減にせえ！！！

そのド真っ暗な方向に向いとる意識を、あんたは変えられるっちゅう話がしたいだけじゃ。それより、自分にはもっと使える力があるっちゅうことに目を向けんかい！！！」

私はビックリして、顔を上げた。

「人が意識を向けた方向に現実化するっちゅうんが、宇宙の法則じゃ。


人がある方向に意識を向けると、そこに磁力のようなものが働いて、目には見えない粒子同士がくっついて、現実になっていくんじゃ。


だから自分が、どっちに意識を向けるかで、起こることは変わってくるわけやな。

今、むっちゃくちゃ大事なこと言うとるでえ！！！　聞いとるかあ！！！」

「はい」

「こんだけ悲しい思いをしたんじゃ。『同じくらいのうれしいことや、ラッキーなことを受け取ってやる！』くらいの気概を持て！　今日からあんたはただの落ち込み損で終わらんようになるんじゃ。

胸が焦げそうなほど嫉妬してしまう誰かを見たら、最初は落ち込もうと、くやしがろうと、悲しがろうとええ。昨夜のあんたのように気が済むまで泣いてもええ。それを禁止しとるわけやない。

気が済んだら、自分を不幸にする方向じゃなく、『**うらやましくてどうしようもないほどの人に出くわすということは、自分にもきっと同じようなことが起こるってことなんだ**』っちゅう方向に意識を向けるんじゃ。

自分は今までこういうことが起こるたびに、自分なんてどうせダメだって方向にばかり意識を向けてきた。それによって、ますますロクでもないことが起こってきた。でも、**金輪際、そうやって自分を悲しませるようなことはしない。そう誓うんや**」

「そんなこと、できるんでしょうか……」

「あんた、いつまでダブルお岩さんみたいな目ぇしてたいんじゃ。あんたならできるで。何しろドン詰まりのエリートじゃ。こういうときこそ、身に染みて『もうこんな目に遭うもんか』っちゅう決意ができるんとちゃうか？　こんなこと繰り返したいんか？」

「いいえ。私だってもうこんな目に遭いたくないです」

「そうじゃろう。さっきも言うたように、自分がどっちに意識を向けるかで、起こることは変わる。これまでロクなことがなかったんは、意識の向け方を知らんかったからじゃ。でももう、その秘密を知ったんじゃ。それを使うんじゃ。それによって人生は大きく変わってくるで。わかったかあ？」

「まだ頭の中が混乱してますけど、『意識の向き』っていう言葉は受け止めました」

「今日から1週間は、自分の意識の向きに、よく注意することじゃ。自分をおとしめたり、苦しめたりする方向に意識が向いていることに気づいたら、『あっ、今どうせ自分なんて……っていう方向に意識が向いとるなあ』みたいに、まるで指差し確認しとるように、ただ気づいて止まるんじゃ。

決して自分を責めるな。ダメ出しは一切いらん。気づいて止まる。それだけじゃ。止まったら、『この意識の向きを、自分を幸せにする方向に変えられるんじゃないか？』って自分に聞いてみるんじゃ。

そんときに今日のことを思い出すんじゃ。自分はもう二度とただただ落ち込み、運から見離されたような人生なんて生きないって誓ったんじゃって。そうすりゃあ、シャンとして、どっちに意識を向ければいいのかしっかり選べるようになる」

「はい！」

「おおお、今日一番の明るい返事が出たなあ。その調子や。目ぇ、タオルで冷やしとけえ。それじゃっ」

一人になった私はボールペンを握ると、震える手で返信ハガキの出席に○をした。


披露宴の日、私は精いっぱいおしゃれをして会場に向かった。全身に100キロの重りがついているように足取りは重かった。

式が始まる直前にやっと私の席にたどり着いた。

いいか、私。今日でただの落ち込み損の人生は卒業だ。意地でも幸せになる方向に意識を向けて、幸せになってやるんだ！

膝ががくがく震えていた。ほどなくして、ウェディングマーチが流れ、扉が開いて、幸せいっぱいの新郎新婦が入場してきた。ああ今、私がこの光景を見ているということは、私もあんなふうに幸せいっぱいになるということなんだ。

必死に幸せになれる方向へ意識を向けようとした。途端に涙があふれてきた。ほかの招待客たちは、二人の幸せな姿に対する感動の涙だと思ったかもしれない。でも私の涙は違った。やっぱり悔し涙だった。

だけどその涙はやがて違う涙に変わった。この状況でも、必死に意識の向きを幸せな方向に変えようとする自分への感動の涙になっていたのだ。

招待状が届いたときには、絶対にムリだと思った。けれど、そんな弱い心に対して、私を幸せにしたいという強い気持ちが勝った。もう落ち込んでるだけでは絶対に終わらない！

私は『風と共に去りぬ』の最後のシーンを思い出した。主人公のスカーレットが絶望から立ち上がって言った最後のセリフ。

“After all, tomorrow is another day.”

何があろうと、明日は今日とは別な１日だ。

この先どんなにショックなことがあろうと、私はこれを機にもっと幸せになってやる。

そして、自分の意識の向きを、責任を持ってより幸せになる方向に向けてやる。

私の人生は終わったんじゃない。これから始まるんだ！

私はそう思っている自分を、なんだかすごく愛おしく思った。

人生の開運力はとっくに持っとる！

披露宴の帰りに、せっかくだから会場近くの縁結びで有名な神社にお参りすることにした。神様からも強力に後押ししてもらおうと思ったのだ。

作法通りに丁寧にお参りし、私としては史上最高額の1000円もお賽銭を入れた。

そして1分1秒でも早く、素敵な彼に出会い、無事にゴールインできるようにお願いした。

もちろん、ご利益があることで有名なお守りもゲットした。

ふっふっふ。意識の向きを変えるということも学んだし、これでもう大丈夫♪

よく晴れた空の下、私は披露宴を乗り切った自分を、本当によくやったと褒めながら、結婚式場の最寄り駅に向かった。

駅の近くまで来たとき、ビルの2階にある占いの部屋に、ふと目が止まった。

そうだ！　今、占ってもらって、出会いの時期を教えてもらおう。私は少し急な階段をいそいそと上り、ドアを開けた。中には3人くらい先客がいて、待合室で待っていた。私も少しドキドキながら順番を待った。すぐに番が来て、占い師のいる個室に入った。

占い師は、アラビアンナイトの登場人物みたいな不思議な格好をしていて、

「何が聞きたいの？」

と上から目線で尋ねてきた。

「あのう、私の生涯のパートナーになる人といつ出会えるか、教えていただきたいんですけど」

「名前も生年月日もいらないわ。そこらの占い師とは違うから。顔を見ればわかる」

そう言って、私の顔のさらに奥のほうに意識を集中し始めた。

「あなた、フラれたでしょ。それもつい最近。顔に出てるわよ」

「えっ、なんでわかるんですか？」

「わかるのよ。出会いがあるかどうかねえ。気休めを言ってもしょうがないでしょ」

「えっ？　ええ、まあ、でも……」

占い師は、私が言葉を続けようとするのをさえぎった。

「ムリ。一生ムリ。希望なんて持たないほうがいい。あとから失望するより、今から覚悟

しといたほうがいいでしょ。それがあなたのためよね」

「そんなあ！　どんなに頑張ってもムリなんですか？」

「頑張るですって？　運命なんて決まってるのよ。それが知りたくて来たんでしょ？」

「運命が決まってるだなんて……。もしもある程度どっちに進むか決まっていたとしても、より良い方向に導いてくれるアドバイスが欲しいです」

「私はお客さんに嫌われたとしても、本当のことを伝えるのがプロの仕事だと思ってるの。その上で、どう生きるのがあなたのためになるかなら、教えられるわよ」

私はちょっとイラついてきた。

「それなら教えてくださいよ」

「じゃあ言うわね。今の会社で一生うだつが上がらないまま終わるわよ。転職とか起業とか、そういう夢も持っちゃダメ。あなたの力じゃあ、どう頑張ってもムリ。つつましく堅実に生きていきなさい。そしたら、死ぬまで普通に生きられるでしょうよ。そんなとこね」

私はついに怒りが爆発し、椅子から立ち上がった！

「あんたねえ、人をバカにするのもいい加減にしなよ！」

その途端、目の前の占い師がかすんだ。

「はい、どうもお、あなたの達人さん登場ですよ〜〜〜〜」

「はい、どうもじゃないんだよ！　てめえ、なんだよ。占い師に化けやがったのかよ！　なんだよ、今の鑑定。意識の向け方次第で起こることが変わるんじゃないのかよ！　どういうことなんだよ！」

私はとんでもなく口が悪くなっていた。

「あんたなあ、はしたないでえ、今の言葉遣い。目ぇはときとしてダブルお岩。そんでまたあるときは極道の妻顔負けの啖呵《たんか》。イッカ〜〜ン。女性がそんなんではイカンでえ」

「やかましい！　ちゃんと説明しろ！」

「なんで神様や占いに頼るんじゃ。なんで自分の開運力を使わないんじゃ。神様も悪いもんちゃうで。確かに人間を助けたり、導いたりもしてくれる。

だけど、**自分の人生を切り開くんは、自分じゃ。神様じゃない。神様はあくまでサポーターじゃ。**

占いも参考になることもあるで。でも自分で考えるのをやめて、占い師に全部決めてもらおうとしたり、占い通りにやってさえいれば、開運するっちゅうもんやない。

神様も占いも、あくまで副次的なもんじゃ。

あんたには、既に宇宙に味方してもらうための三大基本原則も、意識の向け方を変えれば起こることが変わるっちゅうことも教えたじゃろう。少なくともワシに個人指導を受けている間は、時間とエネルギーはそれに使うんじゃ。

素晴らしい占い師もいないことはないけど、今みたいな占い師だっておる。仮に素晴らしい占い師じゃったとしても、人生の主導権は明け渡したらイカン。

それに、あそこまで怒るっちゅうことは、自分の開運力を信頼しとらんからじゃ。自分と宇宙を信じとったら、『この占い師は宇宙の法則も知らんと、占い師やっとるんじゃなあ』って思うだけじゃ」

「それにしても、あの言い方はないんじゃないですか？　こんなひどい占い師なんて会ったことないわって思いましたよ」

「あれは、占いに頼ってもうまくいかんぞと教えるための演出じゃ。ワシくらいになるとあんなひどい占い師にもなり切れるから。やっぱりあれじゃなあ、さすがワシじゃ」

達人の自画自賛をスルーすることにもだいぶ慣れてきた。

「じゃあお守りとかもダメなんですか？」

「ダメではない。持っとってもええ。だけど、おんなじじゃ。それがないと開運できないって依存するんじゃったら、逆効果じゃ。それでは自分の開運力が出せなくなる。**自分の開運力が第一じゃけど、お守りにもサポーターとして入ってもらっとるくらいに思うんならええ。**その上でお守りも大事にしたらええ。そしたらお守りに宿っとる神様だって、力になってくれるっちゅうもんじゃ」

「わかりました。もっと自分の力を使ってみます」

「そうじゃあ。あんたにはまだまだ使っとらん力があるんじゃ。宇宙の周波数に同調するようにしていけば、驚くほど様々な力が発揮できるようになる。

今はそっちに集中することじゃ。それじゃっ」

私は占いの部屋をあとにして、電車に乗った。

そして買ってきたお守りを出して、お守りに心の中で伝えた。

『私も精いっぱい自分の開運力を使ってみるから、サポートよろしくね』

お守りは赤に金糸のきれいな布製の袋に入っていたが、心なしか手の中でふわりと光を発したような気がした。

このお守りも私の素晴らしいサポーターになってくれるという方向に意識を向けよう。

でも私の人生は、私が創造していくのだと、もう一度決意を新たにした。

焦ったら逆効果ちゅうことに気づけ！

私はその後も、三大基本原則と、意識の向きに注意した。生活そのものには大きな変化はなかったが、不思議とあまりイヤな感じの人には会わなくなった。

寝坊して、いつもの通勤電車に間に合いそうにないと思って駅に駆け込むと、電車が少し遅れていて、ちょうど間に合うということもあった。買い物に行くと、買いたいと思っているものがちょうど大安売りになっているということもよくあった。

小さなラッキーは確かに増えた。

しかし、肝心の素敵な彼との出会いに関しては、まったくその気配すらなかった。

いったい、どうなってるんだよ！　私は達人から教えてもらったことをこんなに必死にやっているというのに。達人に抗議したい気持ちが日に日に強まっていた。

それなのに達人は、一向に現れない。

今日という今日は、こっちから呼び出してやる！

達人はこっちの都合はお構いなしで現れる。たまには呼び出したっていいじゃない。確か私の発する周波数をキャッチしているって言ってたよな。

周波数と言われても、私にはよくわからないので、とにかく思いっきり強く『出てこ～～～い』と念を送ってみた。しかしまったく反応ナシ。

周波数って要は波動みたいなもんなんでしょ、揺れてる震動みたいなわけでしょ。それなら、全身をバタつかせて、出てこざるを得ないほどの強烈な震動をお見舞いしてやる。そう思って思いっ切り、床を足で踏み鳴らし、両腕も振り回して念を送ってみた。

コンチクショー！　まだ出てこない！　こうなったら、こっちもヤケクソだ。柱を両手で交互に力いっぱいたたいてみた。すると、アパートのドアがノックされた。

ついに来やがったなあ、インチキ達人め！　今日という今日は言ってやる！

意気込んで玄関に向かうと、向こうからドアを開けてきた。

「あんたねえ、さっきからうるさいんだよ。ここは相撲部屋じゃないんだよ。四股やてっぽうはどっか外でやってくれよ！」

そのとたん私は、恐縮して穴があったら入りたいどころか、目が点になった……。

『こ、好みだ♡♡♡』

この人は最近アパートに越してきた人なのだろうか？　私の頑張りが功を奏し、ついに出会いがやってきたのかもしれない。しかし、こんな形で出会うとは一生の不覚。

「……す、すいません。ちょ、ちょっと新しいタイプのブ、ブレイクダンスの練習に、つい熱が入ってしまいまして。もう、二度としません。注意しますので」

「ブレイクダンス？　ウソだろ？　最近は女相撲っていうのもあるし、あんただったら、きっとイケるよ。なかなか相撲向きのいい体してるし。転向したら？」

コイツ！　顔はいいくせに、口は最悪だな。

「とにかく、静かにしてくれよ！　ヒャ～ッヒャッヒャッヒャッヒャッ」

この笑い声は！！！！！

「おい、お前、達人だろ！　また化けてんな！　さっさと姿を現せ！」

「だからあ、はしたない言葉遣い、及びはしたない達人の呼び出し方はせんほうがええて。もし万が一、こういうイケメンがあんたの前に現れたとき、どうするんじゃあ？　日頃からそういう態度では、取り返しがつかんことになるぞ」

「だって、なかなか達人が出てこないから……」

「騒々しく呼び方をするでねえ。心を込めて礼儀正しく、『お願いですから、今世紀最大の達人様。地球の平和のために、たゆまぬご活動をされているところ、私のようなしょうもない女のために、誠に恐れ入りますが、どうぞ私の前に現れてください』って呼び出してくれりゃあ、ワシだって出てこんこともないで」

しょうもない女なんかじゃない、私だって一生懸命やってるんだよ。

「私もそのくらい丁重にお呼び出ししたい気持ちはあるんですけど……言われた通り、三大基本原則を毎日心がけて、意識の向きにも注意して頑張っているんですが、一向に素敵な彼が現れる気配がないんですけど？」

「あんたなあ、やっとることが逆になっとる。宇宙の周波数がどういう周波数か、前に言ったじゃろう。宇宙の周波数は、無限の歓びや、愛、豊かさじゃて。

ところがあんたの発している周波数は、『出会えない出会えない、どうしてくれるんじゃ』っちゅう焦りと怒りの周波数じゃろう？」

「そりゃそうですよ。頑張ってるのに、肝心の出会いが少しも近づいている気配がないんですから」

「宇宙は意識の向きに応じたことを現実化させるっちゅう話もしたじゃろう？　なんで応

用せんのじゃ。
『出会えない』っちゅうほうに意識を向け続けとったら、出会えないことが現実化してしまうじゃろう。それでイライラしたら、宇宙の周波数とさらにかけ離れてしまう。そしたら、宇宙は味方につきたくても周波数が違い過ぎて味方できんようになるじゃろう」

「そうだったのかあ……。うっかりしてました」

「うまくいかなくなるたびに、ワシを呼び出して、ワシに解決してもらおうとするようではイカン！　自分でもどうすればいいのか考えるんじゃ。そしてワシに聞く前に試行錯誤してみんか。ワシはなあ、一生あんたの個人指導するわけじゃない。ある一定期間が過ぎたら、もう二度と現れん」

「えっ!?　そんなあ」

「しっかりしろ。あんたの人生じゃろう。ええか！　**宇宙に味方になってほしいなら、焦ることは逆効果っちゅうことを忘れんこっちゃ**」

どう生きるか決めて、宇宙に放つだけでええ

「前にも言った通り、宇宙はすべてを創造したわけじゃから、すべてをお見通しじゃ。あんたがどうすれば最高に幸せになれるのかもすべてわかっとる。

だから、あんたがこの人生で何をするのか決めて、宇宙に放ったあとは宇宙におまかせしとくのが一番なんじゃ」

「宇宙に放つって、放り出すってことですか」

「いやいや、そうではない。あんたがどういう人生を生きるのか決めるんじゃ。**願うんじゃなく、決める。つまり、強く決意するわけじゃ。**

さっきワシに向かって強い念を送ったじゃろう？　あれ、むちゃくちゃ身の毛もよだつ念じゃったけど、あれは相手をコントロールしてやろうっちゅう執念じゃったよなあ。

恐ろしかったけど、あのくらいの強さがあったほうがええ。それを、宇宙を自分の思い

通りにコントロールしてやろうっていうんではなしに、自分の決意表明として強く念じて、宇宙の真っ芯に向かってレーザービームを打ち込むかのように、放つんじゃ」

「どっからそんなビームを放てばいいんですか？」

「眉間じゃ」

「眉間からレーザービームが出るとは、知りませんでした！！！」

「ただのたとえじゃし。そういうイメージでやれっちゅう話や」

「ちょっと練習してみます」

「何度も言うようじゃけど、願うんじゃなしに、強く決意するだけじゃ。その先は宇宙におまかせする。宇宙におまかせすれば、宇宙が縦横無尽に力を発揮しやすくなる。それが結果的に最速で最善の現実化をもたらすことになるわけじゃ」

「思い通り」より、「思った以上」が起こる！

「宇宙に対して、ああだこうだ、うるさく口出しすると、宇宙は動きづらい。あんたもいちいち口出ししてくる上司じゃと仕事がやりづらいじゃろう。けど、あんたのことを信頼してくれる上司やと、張り切って言われた以上のことをしようと思うじゃろう？」

「確かに小うるさい上司だと、仕事のやる気もなくなります」

「要するに、宇宙はあんた以上にあんたのことをわかっとるから、決めて放ったらあとのことは宇宙におまかせしたほうがよっぽどええんじゃ」

「私は、人生がすべて自分の思い通りになったらいいのにって、ず〜〜〜っと思ってました。本もたくさん読みましたけど、全然思い通りになんてなりませんでした」

「そりゃそうじゃ。**思い通りにしようということは、裏を返せば、宇宙のはたらく余地を与えないっちゅうことじゃ**。それどころか、そういうことを思うとるときは、さっきも言うた通り、『足りない、早く手に入れたい。手に入らない限り、幸せとは言えない』っちゅう欠乏にどうしても意識が集中してしまう。そうなったら、どうなるんじゃった？」

「その手に入らない状態がますます現実化するんですよね？」

「その通りじゃ。だんだん理解してきたのう。ええぞ！

それに、**宇宙は人間に想像できるような『思い通り』などはるかに超えた、『思った以上』の展開をもたらすことも多いんじゃ**。どうじゃ？『思い通り』より、『思った以上』のほうがええと思わんか？」

「思ってもみませんでした。もちろん『思った以上』のほうがいいです」

「じゃけえ、決めたら宇宙に放って、後はどうすりゃいいんじゃった？」

「ええと、後は宇宙におまかせして、

①自分に合ったやり方で頭を空白にする時間を作る
②どんな自分のことも褒めて、許して、認める
③宇宙と周波数を同調できるよう、幸せや快適さを感じられる状態を心がける

そして、**自分の意識の向きに注意し、自分が幸せになる方向に意識を向けるようにする**

……ですよね？　トイレに貼ってあるんで、毎日見てます」

「その通り。それをしといたらええ。そのうち、それだけで十分幸せじゃなあって感じるようになる。あとは宇宙を信じておまかせしといたら、一番ええようにしてくれる」

「わかりました。今日は突然失礼な呼び出し方をして、申し訳ありませんでした。だいぶ気も楽になってきて、小さなラッキーは増えてきてたのに、焦り過ぎでした」

「ええな、自分でも教えられたことを応用していくんじゃ。大丈夫！　あんたはドン詰まりのエリートじゃ。覚悟が違う。ワシはあんたを信頼しとるで。それじゃっ」

達人はまた別な時空に消えた。

ふう〜〜〜。どうしても、何か行動を起こすとき、これを頑張ったら、これが手に入るという動機でやろうとしてしまう。っていうか、**今までそうやって何かを手に入れるために、何かを頑張れってずっと言われ続けてきた気がする。**

だから私だけでなく、たぶん多くの人はどうしてもその思考回路から抜け出しにくい。でもこの考え方には限界があるって、私自身がイヤというほど身に染みてわかっている。

まだそういうクセが抜けきれないけれど、少なくとも焦ってきたら、そのまま焦りを募らせるのではなく、ちょっと止まって、『これは逆効果なんだ』って自分に言い聞かせてみよう。

私はここまでのことを忘れないうちにノートに書いて、その日気づいたことなども記録していこうと決めた。

達人はいずれいなくなってしまう。その前にしっかり教えをモノにしたいと思った。

ここまででわかった

宇宙の大事なこと

❶

「幸せになる方向」に意識を向ければ、
必ず幸せになる力がある

❷

やるだけやって、あとは宇宙を信じておまかせ！
すると、想像以上のことが起こる

❸

達人はちゃらんぽらんに見えて、
叱る時はしっかり叱ってくれる

その先は、まだ秘密…

第3章

幸せには、
知識も知恵も
「ゼロ」でええんじゃ

知識だけでは解決しないもんもある

私は雑誌の「今年こそ理想のパートナーをゲット」的な特集や、「お金に愛される私になる」的な特集が組まれていると、吸い寄せられるように買って、そのノウハウをむさぼるように読んでしまう。

う〜〜ん、なるほどなあ。時には男が好んで食べるガッツリ系の食事をして、男の気持ちというものを理解しないといけないのかあ。

何？　実は顔の良し悪しは意外に関係ないってマジか！　今年最大の朗報じゃないの。

お金の特集記事に、「お金を大切に扱えば、お金はあなたに必ず応えてくれる。だから財布の中でもちゃんと向きを揃え、きれいに伸ばして入れたほうがいい」と書かれていると、「ようし、私はその上を行ってやる！」と、お札にアイロンをかけたりした。

アイロンの熱で、お札たちは何ともいえない微妙な異臭を放っていたが……。

今までたくさんの自己啓発の本や、スピリチュアルな本を読んできた。だから、「幸せな結婚をするには」とか、「どうすればお金を貯められるのか」という知識だけはやたらとあった。講演会をやれと言われればやれる気さえするほどだ。

それなのに、どうして素敵な彼にも、お金にも縁遠いのだろうか？

それが今世紀最大の謎に思えてならない。

そんなこと考えてても、どうにもなるもんじゃないし。いつも通り頭を空白にする時間を取ろう。

私は、それこそ意識の向きを変えた。最近は休日に近所の公園に行って、噴水を眺めたりしている。光を反射させながら流れ落ちる水を見ているだけで、心も洗い流され、癒されてくる。そして頭の中が自然に空っぽになる。そんな時間が大好きだ。

今日もとてもいいお天気だ。さっそく公園の噴水広間に出かけた。

すると向こうから、ワンカップ片手にやや出来上がっている状態で、達人が歩いてきて隣に座った。

なぜか今日は世界が止まっていない。噴水も勢いよく水を噴き上げ続けている。

「ええのう。この噴水。特に今日のようによく晴れた日は最高じゃ。あんたもいい場所を見つけたのう」

　達人も噴水の水と光に目を細めていた。

「今、どういう気分じゃ？」

「そうですね。心地よくて、心が洗い流されるような感じです」

「うん、なるほど。じゃあ、いろいろ考え込んで、頭がいっぱいのときはどうじゃ？」

「グ～～っと締め付けられるような、息苦しくなる感じがします」

　こっちの気分は長年やってきたことなので、即答できた。

「なんで頭が空っぽだと、それだけで気分が楽になると思う？」

「えっ？……これまでの達人の教えからすると、頭が空白なら宇宙とつながる状態に戻って、宇宙の周波数である『幸せの周波数』と同調しやすくなるからですよね？」

「それは確かにその通りじゃ。けども、ワシの教えを頭で理解しようとするな。実際にやってみて体験して、味わってこそ、生きた知恵になっていくんじゃ。今の答えは頭で出した答えじゃな。まだ深いところに浸透し切っておらん。

　そういや、あんた、お札にアイロンかけたじゃろ？」

「えっ？　かけましたけど、いけませんか？」

「まあな、雑誌の特集に書かれていることを頭で理解して、何もせんで頭でっかちになるよりはよっぽどマシじゃ。

だけどなあ、**幸せも、出会いも、お金も、知識だけでは解決せんのじゃ。むしろ余計な知識なんてないほうがええくらいじゃ。**

それよりも頭を空白にする時間を取って、宇宙とつながるほうが実は早いんじゃ。

ワシ、それ言うたよなあ。わかっとるか？」

「あのう、ついつい雑誌の特集に引き寄せられて……。すいませんでした」

頭は悪いほうばかりに考えるクセがある

「あんたは、頭というものがどういうクセを持っとるか、理解しといたほうがええ。

原始時代の人間は、とにかく生き残ることが最重要課題じゃった。自然災害や他の生き物たちの脅威にさらされる中、わずかな危険因子をいち早くキャッチし、それに事前に対応することで、危険から身を守ろうとしてきた。その時代にはそれはそれで役に立った。

今の日本のように、ほかの動物に食われてしまうようなことがそうそう起こられないようになったのは、人類の長い歴史から見ればごくごく最近のことじゃ。

だから人間のDNAの中には、ちょっとでも危険な要素をいち早く見つけて対処しようとする因子がしっかり組み込まれとる。脳内でもその回路は優位じゃ。

ところがその回路は、近代的な社会では、命の危険ではなく、社会の中で存在が脅かされることに必要以上に反応する回路になってしまった。

物事を楽観的にとらえたら、足許をすくわれる。そうなるくらいなら、悪いほう悪いほうにとらえて、早めに危険因子の芽を摘もうと人間を駆り立てるんじゃな。じゃけえ、人間は不安にさいなまれるようになった。そして危険を回避するために、やたらと知識を詰め込み、頭で解決しようとしてしまうんじゃ」

「そうか、だから私は雑誌の恋愛特集に吸い寄せられていたんだあ」

「**頭で考えて、知識でどうにかしようとすればするほど、かえって宇宙とつながりにくくなってしまう。**それだけではない。悪いほうにばかり考えとったら、意識を向けたほうに現実化するわけじゃから、危険を回避できるところか、そっちが現実化してしまう。

そんなことするよりも、**不安はちょっと脇に置いて、頭を空白にしてみる。そうすれば、**

その空白に向かって、宇宙が必要な情報を流し込んでくれる。そっちの情報のほうが、雑誌や本に書いてある情報以上に、あんたにジャストフィットな情報なわけじゃ。

何しろ、宇宙はすべてをお見通しなんじゃから。あんたのことだって、あんた以上にわかっとるんじゃ。前にも言うたじゃろう」

不安になったら「大丈夫ポイント」につながれ

「私もできればもっとカンタンに頭を空白にしたいです。でも、そのたびにすぐに公園に行けるわけでもないし、お風呂だって家に帰らないと入れません。

もっと手軽に頭を空白にすることはできないんでしょうか？」

「実はなあ、お風呂に入るんでも、噴水見るんでも、毎日続けていくうちに、特別にそんなことせんでも、頭が空白になりやすくはなる。だから続けることは大前提じゃ。

けど、それ以外にも、たとえば会社で朝に出されたお茶を飲むときにゆっくり味わいながら飲むとか、昼休みに会社の屋上でぼんやり外を眺めるとか、職場でもできることを増やしていく工夫もしていくことじゃ」

「屋上に行くっていうのはいいかもしれません。いろいろやってみます」

「あんたがお札にアイロンかけたのだって、お札を大切に扱えば、お金は何倍にもなって戻ってくるっていう説に基づいてやったんじゃろう？」

「そうです。それこそ自分なりに工夫したんですよ」

「でも、お札の身になってみれば、熱くて熱くて大やけど。『チッキショー！　家計を火の車にしてやる！』って反撃に出ないとも限らんぞ」

「えええええ！！！　まさかそんな逆効果になるとは想像してませんでした。どうしよう！　不安で頭痛と息切れがしてきました」

「冗談じゃよ。あんたがお札を大事にしようと思ってやったんなら、大丈夫じゃろ。それより、そういう不安な気持ちになってきたときこそ、頭を空白にしてみることじゃ」

「そんなこと言われたって、なんか達人の言ったことが妙に説得力があって、お札に本当に申し訳ないことしたなあって……」

「だから、そんなこと真に受けるな」

「だったらそんなこと言わないでくださいよ」

「不安の渦に巻き込まれそうになったときは、大丈夫ポイントにつながったらええんじゃ」

「なんですか、そのインチキ臭いポイントは？」

「今のあんたみたいに、まだ起こってもいないことを悪いほうに考えて、不安に巻き込まれそうになったときは周波数も低くなる。一方で、大丈夫だって思える周波数もあるんじゃ。その周波数につながると、勝手に不安になっていただけなんだとちょっと落ち着く。お風呂に入ったり、噴水をずっと眺めたりして、ゆっくり頭を空白状態にできないときの応急処置みたいなもんじゃな。

それでも家で毎日頭を空白にする時間を取っていると、大丈夫ポイントにも瞬時につながれるようになり、不安に翻弄されづらくなっていく」

「そんなポイントなんてあるんですか⁉」

「そうじゃ。今から教えたるから」

「よろしくお願いします。で、どうすればいいんですか？」

「カンタンじゃ。5秒間、思考を止めるだけじゃ」

「えっ⁉　そんな程度で、その大丈夫ポイントやらにつながるんですか？　やっぱりいい加減な達人だなあ！」

「やる前から勝手に決めつけるな。ワシの教えに限らず、やりもしないでわかった気になったり、やる前からこれはできないとか、やりたくないとか頭で判断ばかりしとるから、知識が生きた知恵になっていかんのじゃ」

「……もしかして、私がこれまでいくら本を読んでも、大して状況が変わらなかったのは、そのせいですか？　私だって何もやらなかったわけじゃないですよ！　でも、やらないことのほうが多かったかなあ。っていうか、読んだだけで、できた気になって……。結局、雑誌や本を読むことが、気休めになってただけなのかも」

「でも、今は違うじゃろう。真剣じゃろう？　何とかして自分を幸せにしてやりたいという一心で、ワシから学んどるし、実践もしとんるじゃないのか？」

「そうです！」

「**本気になれたのも、あんたがドン詰まりになって、お手上げになれたからじゃ。**そこまで追い込まれて、人は初めて目が覚めて、人のやり方でやってみようという気にもなれるんじゃ。お手上げバンザイじゃ」

本当は、私だってお手上げになる前に何とかしたかった。でも、どこか中途半端で、逃げ腰で、本気になり切れなかったことを認めざるを得なかった。

「そうですね。この状態は私にとってのチャンスかもしれません。もう落ち込み損の人生なんて送らないって決意したし、ごちゃごちゃ言ってないで、大丈夫ポイントにつながってみます」

「じゃあ、**まず目を閉じて、眉間のあたりに軽〜〜〜く力を入れる。そのままゆ〜〜〜っくり息を吸って、ゆ〜〜〜くり息を吐く**」

達人に言われるまま、ゆっくり息をしていると、胸のあたりがほんのり温まり、どこかで感じたことのあるような、懐かしい安心感が広がってきた。

「そんなとこじゃ」

私はまだこの心地よい世界に漂っていたかった。そのくらい不思議と心の波が収まり、愛に包まれた不思議な感覚になっていた。

「どうじゃ？　心が落ち着いたじゃろう。大丈夫ポイントには、5秒くらい思考を止めるだけでつながるっちゅうたけど、何もストップウォッチで5秒きっかり計る必要はない。

今やったように、**ゆっくり1回深呼吸するくらいでええんじゃ。**やっていて、とても心地よくてもっとやっていたいという気になったじゃろう。もしそれが許されるなら、そのままず〜〜〜っとそうしていてもええんじゃ」

「本当に心地よかったです。時間にしたら本当にわずかな時間なのに、不思議です」

「それは、あんたがここまで毎日頭を空白にする時間を取り続けとったから、一瞬にして大丈夫ポイントにつながる素地ができとったんじゃ。

インチキ臭いポイントじゃと思うても、やってみれば何が本当かわかるじゃろう。つまり、やたら頭で考えるより、まずやってみたほうが早いんじゃ」

「インチキ臭いポイントとか言ってすみませんでした」

「大丈夫。あんたはカッコつけないし、ワシのような偉大なる達人にお世辞も言わんし、なかなかお茶目で、かわいいやっちゃで」

「えっ⁉　マジですか？　やっぱり〜〜〜♪　自分でもそうだと思ってました。やっぱりあれですね。自分が思っていることを、外側の人間は映し出すものなんですね」

「そのくらい自分にOK出せるようになったんなら、大したもんじゃあ。ちなみにそれは、誰のおかげかっちゅうことを忘れとったらいかんでえ」

「そうですね、達人にも感謝していますが、ここまでインチキ臭が漂う中、**必死でくらいついてきた自分をまずは褒めたい**と思います。できたら、もっとこの状態を極めてみたいです」

つらいことは、一切せんでええ

「昔の人たちは、わざわざ人為的にお手上げ状態を作ろうとした。極限まで断食したり、滝に打たれたり、焚火の上を歩いたり、何日間も瞑想したり……。

けどなあ、そこまで自分を追い込んでも、それ自体が悟りにつながるわけではないんじゃ。

そこまでやっても、どうしても悟れない。ああ、もうお手上げだ！　そのとき、頭が真正の空白状態になるわけじゃ。

お釈迦様だって、一番キツイといわれる苦行を自ら進んでやり抜いたにもかかわらず、悟れんかった。

　そしてお手上げ状態になったその瞬間、悟ったんじゃ。ああ、最初から無限なる宇宙とひとつじゃったんじゃ、すべてあるんじゃって気づいたんじゃ」

「ちょっと待ってください。確かに私はお手上げ状態をさらに極めてみたいと思いました。それに文句ばっかり言ってないで、達人のやり方でやってみようとも思ってます。滝行くらいなら真夏に限りやってもいい気がしないことも……。でも、焚火の上を歩くのだけはイヤです。そんなことしたら、私の大切なおみ足に傷がついてしまいます」

「誰もそんなこと言うとらんじゃろう。今言うたんは、昔話じゃ。けど、今の時代は、ありがたいことにたくさんの先人が覚醒してくれたおかげで、ワシらは思考を止めるだけで、目覚めた状態につながりやすくなってきたんじゃ。

　つまり、あんたは滝に打たれたり、焚火の上を歩いたりする苦行はせんでもええから、この調子で、頭を空白にすることに慣れていけばええ」

「よかった！　ホッとしました」

「すごい自分じゃないと幸せになれない」と考えるな！

「これまでのあんたの人生は、世間で言われるような幸せの条件を頑張って少しでも揃えないと、幸せになれないと思い込んできた人生じゃったろう」

「はい、達人と出会って、あらためてそうだったと気づかされました。そしてそれが自分を幸せにするどころか、自分を苦しめることに繋がっていたことも……」

「幸せに生きるために必要なことは、条件を揃えることや、世間的に成功といわれるような圧倒的な実績を上げることではない。

すごいことしないと、幸せになれないと思うな。

さっき、大丈夫ポイントにつながって、心から安らいだじゃろう？」

「はい。なんだか懐かしい感じがして、安心しました」

「なぜ懐かしい感じがしたのか？　なぜ安心したのか？　なんでじゃと思う？」

「それは……宇宙の周波数だからですよね？」

「あんたもワシも、宇宙から生み出されたからじゃ。だから宇宙の周波数につながると、懐かしくて、安心な気がしたんじゃ。

大丈夫ポイントにつながっとるとき、彼氏がいなくても、お金が有り余るほどなくても、心安らかだったんじゃないか？」

「そう言われれば、あの瞬間は、そんなこと少しも頭に浮かびませんでした」

「つまり、**彼氏やお金がなくても、あんたは幸せでいることができるっちゅうことじゃ。**

そしてそのことに気づけば、いつも幸せでいられる。そしてそんな周波数であるなら、宇宙の周波数とも同調し、宇宙のさまざまな豊かさが流れ込むんじゃ」

特別な力を身につけようとせんでええ

「はあ～～～。なんかよくわからなくなってきました。私はあんなに彼氏が欲しい、お金が欲しいって思っていたのに、大丈夫ポイントでは確かに何にも気にならなかった。

絶対に欲しいと思っているものが手に入っていないのに、どうしてあんなに満たされたんでしょう?

そのくせ、こうして普通の状態に戻ってみると、やっぱり彼氏が欲しいし、お金もたくさん欲しいって思う。だからといって四六時中、頭をカラっぽにするなんてできないし、やっぱり私は修行が足りないのかな?

パッと現れて、パッと消えてしまったり、自分以外の存在に化けることができる達人みたいに、私も何か宇宙とつながるための特殊能力を身につけたいです。

やっぱり滝行とか修行が必要なんでしょうか? そうすれば煩悩《ぼんのう》が断ち切れて、すごい能力も発揮できるようになるんでしょうか?」

「……あんたみたいな人は、滝に打たれるくらいのことはしてもええかも知れん。滝にいくら打たれても、やっぱり彼氏欲しい〜〜〜っちゅうことになるだけじゃろうけど。ヒャ〜〜〜ヒャッヒャッヒャッヒャッヒャッ」

「わからないじゃないですか、やってみないと! 滝に打たれたらすべての煩悩を断って、第二の釈迦と呼ばれるようになっているかもしれませんよ」

「ほんなら、自分で調べて滝に打たれてこいや。それもええ経験になるじゃろう」

「ええ、打たれてきますよ」

そうは言ったものの、滝行とはどういうものなのかまったく知らず、ネットで調べてみた。

『最近は滝めぐりが趣味の〝滝女子さん〟が増えています。こちらでは女性の指導員のもと、初めての方にも丁寧にご指導させていただきます。ちなみにお子さんもこちらで滝行を受けられたりしています』

という修行というよりちょっと強めの天然シャワーを浴びるリクリエーションの匂いのする言葉につられ、そのまま申し込んでしまった。

当日は、「水に打たれて、煩悩を消滅させりゃいいんだろ」となかばヤケになっていた。受付を済ませてお寺のお堂に入ると、女性指導員はお休み。代わりに、無駄にマッチョな男性指導員が担当だった。イヤな予感がしたが、とりあえず白い柔道着のような服に着替え、祀られている不動明王に滝行の安全を祈願した。

いよいよ滝と対面すると、思った以上に水量があり、落差は相当なものだった。

「いいか！　これは修行だ！　ただの水遊びとはワケが違う！　今日の水温は10度以下だ。1時間もすると低体温症で死ぬ。気合を入れて臨め！」

え〜〜〜〜！　死、死ぬ恐れもあるの⁉　「お子さんでも楽しめる」ってウソ？　しかしここまで来た以上、私も引き下がれない。１０８つあるという煩悩を粉々にしてやる。見てろ、達人！

頭と体に塩と酒をかけ、マッチョ指導員の号令でみんな掛け声を出し、気合を入れた。

「水に入ってから出るまでずっと、『エイ！』と大きく声を出せ。気合を入れないと、死ぬぞ！」

「死ぬ死ぬ」ってしつこいぞ！　女だと思ってバカにすんなよ。気合を見せてやる！

弱音を吐きながらいちゃつくカップルを尻目に、体を支える木の棒をつきながら、先頭を切って水に入った。

ビョエ〜〜〜〜、冷たさで一瞬にして全身が震えた。冷たさで足の感覚がどんどんなくなっていく。生まれて初めて凍死の危険を感じた。

「こらあ、そこの女！　気合が入っとらんぞ！　掛け声はどうした！」

冷たさをこらえるだけで精いっぱいで掛け声が出ない。声を出そうと思っても、歯がガチガチ鳴ってしまう。

私は、凍り付いて動きにくくなった足を引きずって、滝に突っ込んだ。その瞬間、頭がカチ割られるのではないかというほどの激しい衝撃を受けた。

ええい、どうにでもしてくれ〜〜〜〜。

いったいどのくらい打たれていたのだろうか？　実際には3〜4分らしかったが、15分にも20分にも感じられた。

「よし！　上がれえ！」というマッチョ指導員の声が目を覚まさせた。気づいたら、岸辺の岩に足をかけていて、滝行は終わっていた。

持ってきたタオルで体を拭いて、なんとか着替えを終えてお堂を出ると、そこにマッチョ指導員が立っていて「どうだった？」と感想を求めてきた。

「あ、あの……今は、寒すぎて何も考えられません」

本当は、とにかく早くあたたかい鍋焼きうどんを食べたい。

だが、その瞬間私は気づいてしまった。

この状況でも、鍋焼きうどんが食べたいという煩悩が消えていないじゃないか！

キーワードは「ササッと選べ！」じゃ

「本当はお前、鍋焼きうどんが食べたいんだろう？」

「えっ！　なんで……？」

「それは、何を隠そう、ワシだからじゃ〜〜〜〜。あんたの達人さん登場〜〜〜〜」

「やっぱりそうだったんだ。うすうす感づいてましたよ」

どうりで、私にばかりやたらと厳しかったわけだ。

「どうじゃ、1回滝に打たれたくらいじゃ煩悩なんて消えんじゃろう。まして、ワシみたいに時空を自在に移動することもできんじゃろう」

「煩悩が砕け散る前に、頭蓋骨が砕け散りそうになりました」

「お前、面白過ぎじゃ〜〜〜♪　そういうとこ、ワシ、嫌いじゃないで。

余計なことを考えているより、実際に滝行を体験したことで、ワシが言っとったことも、少しはわかったじゃろう？」

「す、すいませんが、話はあとからちゃんと聞きますので、その特殊能力を使って、鍋焼きうどんを出していただけませんか？」

「しゃあない、今回のあんたのチャレンジに免じて、1回だけじゃぞ」

私は、達人がどこかの時空から出した鍋焼きうどんを夢中ですすった。アツアツで、口の中をやけどしたがお構いなしだった。もしかするとこれは、アイロンをかけたお札の報復なのかもしれない。いや、そうに違いない。ある意味こんなうれしいカタチでカルマが解消されるとは。さすがは宇宙、想像以上の展開だ。

「鍋焼きうどんはおいしいか？」

「はい、今だったら鍋焼きうどんを彼氏にしてもいいくらいです」

「ずいぶんカンタンになったのう。けど、そのくらいシンプルになったらええんじゃ。人間は、ワシみたいな特殊能力なんて使えなくても、幸せに生きていける。今だって鍋焼きうどんをこの上なくておいしいと感じられる幸せを味わっとる」

「もしかするとこれが滝行の最大の成果かもしれません」

あっという間に食べ終わり、やっと達人の話を聞く心の余裕が出てきた。

「あのなあ、幸せに生きるためには、頭でいろいろ考え過ぎんことじゃ。

シンプルに幸せだと感じられるかどうかを基準に生きたらええんじゃ。それが一番当てになる。それ以外のものは脇に置いてええんじゃ。

理屈で決めるんではなしに、今食べたいのは鍋焼きうどんか、釜揚げうどんか？　そういうところから、どっちが幸せを感じられるかを基準に、シンプルに選んでいけばいい」

「食べ物に関しては頭で考えることなく、ほぼ本能に従って迷わず決められます。それだけは抜群に自信があります」

「ほかのことも、理屈より幸せを感じられるほうをササっと選べばええ。滝行決めたようにとにかくやってみる。あんた、そういう点じゃあ、なかなかいい筋しとるぞ」

人が何か言っても「その人の意見」に過ぎん！

「だけど、やっぱり人にどう思われるか、まだ気になってしまいます。特に好みの男性の前では……。目の前にイケメンがいるかどうかで、オーダーだって変わってしまいます。

大盛りハンバーグを食べたいのに、パンケーキセットにすることだって」

「女心もわからんではないけど、そうやって自分を偽ると、自分が自分ではいられなくなってきて、あとで苦しくなる。

ワシは、相手が男なのになぜかレディースセットをオーダーしても、まったくお構いなしに、『それじゃ私は大盛りハンバーグで』って目をキランと輝かせてオーダーする女って、面白いし魅力的に感じるけどなあ」

「そのほうが効果的でしょうか？」

「だから言うたやないかい！　ノウハウやないて。どっちが自分にとって幸せだと感じられるかシンプルに選べばええて。

人っちゅうもんは勝手に言いたいことを言う生きもんじゃ。けど、そいつが仮に、『お前はつまらん女だ』言うたら、イコールあんた自身が本当につまらん女確定なのかっちゅうたら、そうやないやろう。それはそいつの意見に過ぎん。あんたはあんたじゃ。

あんただって、最初に、『もうこれからは世間体や常識にとらわれて生きるのをやめます』って誓ったじゃろう？」

「そうでした。やっぱりクセって、なかなか抜けませんね」

「つまり、長いことそういう価値観で生きてきたわけやな。だけど、今はそれが自分を幸せにしていないっちゅうことに気づいたわけや。素晴らしい進歩じゃ。
けど、長年の習慣で、つい昔の価値観に戻ってしまいそうになることもある。そのたびに止まるんじゃ。そしてどっちが自分を幸せにするのか思い出して、もう一度選び直す。その繰り返しじゃ」

「**昔のクセに流される前に、止まって幸せになるほうを選択し直す。**これって自分の意識の向きに気づいて、向きを変えるのに似ていますね」

「そうじゃ、その通りじゃ！　今までどういうパターンで生きてきたとしても、気づいて止まって、選択し直すことはいつだって可能なんじゃ」

〝素晴らしいバカ〟こそ最強の天才

「とにかく余計なことを考え過ぎんこと。知識やノウハウでどうにかしようとするよりも頭を空っぽにして、『シンプルに幸せだなあ、心地いいなあ、快適だなあ』って感じるほうを選ぶっちゅうことが大事じゃ。

損しないように、失敗しないように、変に小賢しくなってごちゃごちゃ考えるほうがむしろ選択を誤る。ちょっとバカみたいなほど、頭がカラッポのほうがええ。宇宙とバッチリつながるし、どうすればいいのかも宇宙から直感を通じていくらでも降りてくる。

余計なことを考えないから、怖れや不安にも支配されづらい。だからこそ、宇宙の導きにも素直に従うことができ、すぐに体が動く。ますます人生が加速していくんじゃ。

ワシはそういう人間のことを、**〝素晴らしいバカ〟**と呼んどる。

ただの愚か者ではなしに、余計な思考に支配されず、いつも宇宙の無限の引き出しから、最善のものが自在に引き出せる状態にある新しい人間じゃ」

「〝素晴らしいバカ〟かあ。私もそんな風になってみたいもんだなあ。

私は最近、達人から学んだことをノートにしっかり書いています」

「もちろん、ノートに書いておくことは大事なことじゃ。けど、何度も言うように、理屈を理解するより、実際にやってみて、身をもって、体得していくことじゃ。

あんたはもともと思考型の人間じゃないで。どっちかっちゅうと、感覚型じゃ。だから〝素晴らしいバカ〟の才能アリじゃ」

「なんか褒められてるのか、よくわからないですね……。まあいいや。私もその、『宇宙とつながっていて、宇宙の無限の引き出しからいつも最善のものを引き出せる状態』とやらになってみたいです」

「そんなら、実験してみいや。考えずに、魂に従って選択する練習をするんじゃ」

「えっ？　いったい何をやるんですか？」

「行き当たりバッチリ散歩じゃ♪」

「なんですか？　その行き当たりバッチリ散歩って？」

「**一度も降りたことのない駅で下車する。そして駅を降りた途端に、できるだけ考えずにカンでどっちに行ったらいいのか決めるんじゃ。**歩きながら、何となく角を右に曲がってみたいっちゅう気がしたら、右に曲がる。そうやってひたすらカンに従って歩き続けると、その先に、想像していなかった出会いや風景があったりする。それを楽しむんじゃ。

人間は行動を起こすときに、『これをやったらこれが手に入る』っちゅう動機で動いてばかり。そのやり方では最高でも想定内のことしか起こらん。ものすごく狭い世界でしか生きられないっちゅうことじゃ。

しかも、**狭い世界で生きてると人生は劣化する。**宇宙は常に動き、拡大し続けとる。同じところに留まってはいない。

じゃけえ、同じことしかやらないと、宇宙の周波数と合わなくなってくる。そんで、だんだん人生がうまくいかなくなるんじゃ。

その点、〝素晴らしいバカ〟はいつも宇宙とつながっとるから、次に何をすればいいのかビンビンに情報が来る。

もしも、『えっ？　こんなことやるんですか？』っちゅう情報が来ても、それに飛び込んでいくんじゃ。すると、さらに大きく発展して、どんどん脱皮し、ますます大きなステージに進んでいけるんじゃ。

そのためのトレーニングが、この行き当たりバッチリ散歩じゃ。コツは、何も考えんとカンに従い続けること。**この散歩をして、すごいビックリするような体験してやろうとか、そういうもんも全部脇に置く。**どうなろうと宇宙におまかせで散歩するんじゃ」

「ちょっと楽しそうですね。滝行も、考えて……というより勢いで決めただけでしたが、正直面白かったです。初めてでしたけど、自分には決断力も行動力もあるんだなって」

「その調子じゃ。また帰ってきた頃に登場するから楽しんでこい。それじゃっ」

ここまででわかった

宇宙の大事なこと

1

幸せになるには、
つらい体験も特別な力もいらない

2

直感で素直に選んだもの・ことは、
自分を絶対裏切らない

3

達人は宇宙の話を教えてくれるが、
鍋焼きうどんも一瞬で出す

その先は、まだ秘密…

第4章

魂という高性能の羅針盤を使え！

魂に従えば、想像を超える展開がある！

休日に、達人に言われた通り、通勤沿線の降りたことのない駅に降りてみた。車窓から見ていた印象では、どうってことない普通の住宅街。この駅の近くに有名なグルメスポットとか、観光名所があるとか聞いたことがない。

どっちに進もうか？　真っ直ぐ進めば大きな通りに出られそうだけど、なぜかそっちは気が進まない。何となく細い道が入り組んでいる住宅街の中に入った。しばらく歩くと、突然、築30年は経っていそうな豪邸が現れた。その品のよいレトロさが、かえって本物のお金持ちの家だと思わせた。

山小屋風の平屋でとにかく広い。外から見た限り、軒下はテラスになっていて、リビングらしき部屋の前にはロッキングチェアが2脚置かれている。よく手入れされている芝生の庭には大きな樫の木が心地よさそうな陰を作っている。木の下の丸テーブルと椅子で読書したり、お茶を飲んで優雅な時間を過ごしているのだろう。

私が住んでいる世界とは別世界だな。あまりに素敵で見とれていると、中から大型犬のサモエドを連れた品のよい年配の女性が出てきた。

「すいません、あまりに素敵なお屋敷で見とれていました。泥棒ではありませんので」

「あらっ、あなたずいぶん楽しいご挨拶をされるのね。泥棒はこんなに堂々と家を見たりしませんよ。どうぞゆっくりご覧になって」

「失礼いたしました」

「とんでもない。私の家を素敵だって褒めてくださってありがとう。もしお時間があったら、せっかくだから私の家でお茶でもいかが？」

えっ？　これは社交辞令？　それとも乗っかっていい話？　まさかまた達人が化けてるんじゃ……。達人にはこんな品のよさは出せないだろうけど。

「見ず知らずの者にお茶まで誘ってくださってありがとうございます。でも、ワンちゃんもお散歩に行きたそうだし、遠慮させていただきます。ほんのちょっとだけでも、こんな素敵な方とお話しできて、とてもうれしかったです」

「そんなふうに思ってくださるあなたも、素敵だわ。また気が向いたときに遊びにいらしてくださいな。それでは」

本物の金持ちって、なんて人当たりがいいんだろうか。今までこんな優雅で洗練された女性に会ったことない。少しは見習わないと。これが達人の言う想像を超える出会い？お屋敷をあとにして、気ままにカンに従って歩いた。オシャレなお屋敷たちを見ているだけで華やいだ気分になった。中には家の一角を改造した隠れ家カフェもあったりした。ただの住宅地だと思ってたけど、結構素敵なところじゃない♪

感心していると、今までのお屋敷の雰囲気とは明らかに違うガッチリした和風建築の家が現れた。玄関先の木の看板には「金毘羅組　事務所入口」と書かれている。

　こんなお屋敷街に、ヤクザ事務所があるとは……。

　すると中から若頭のような人物が出てきて、声をかけてきた。

「姐《あね》さんですよね？　お待ちしておりました。会長がお待ちです。どうぞ中へ」

「や、や、あのう。私はただの通りがかりの者で。人違いですよ」

「承知しております。会長が若い頃ずいぶんとやんちゃして勘当され、30年ぶりと聞いております。久しぶりの再会に二の足踏んでおられることでしょう。決して失礼を働きませんので、どうか会長と会ってやっておくんなせえ」

「おくんなせえとか言われても、人違いなんで……」

「ここはあっしに免じて、どうか、どうかあ、お願いいたします」

「違うっつってんだろう！　あたしゃ他人なんだよ!!」

私の極妻風啖呵が、こらえきれずに出ちゃったよ！

「さすがは会長のお血筋。これはお見それいたしました。わかりました。他人様で結構です。お茶を飲んでお帰り頂くだけで結構です。どうか、お願いいたします」

若頭風の男は、その場に土下座した。

さっきとは真逆の世界からのお茶のお誘いだけれど、ここまで言われたら1回くらいあっちの世界も見てやろうじゃないか。会えば、会長とやらも別人だと気づくだろう。私は腹をくくり、中に入ってみることにした。

案内された応接間には味わったことのないほどふかふかなソファー、ピカピカな大理石のテーブル、その上には同じく大理石の灰皿があった。棚には金の大きな王将駒が飾ってある。会長のものらしい巨大な机と、思う存分ふんぞり返れそうな背の高い、黒い革張りの椅子があった。上方には、これでもかというほど立派な神棚があった。

こういう想定外の展開は望んでいないんだよ！

「失礼いたします」

座っていると、さっきとは別の男が蓋つきの立派な湯飲みに淹れたお茶と羊羹を持ってきた。「ごゆっくりどうぞ」と丁寧に出すと、男は深くお辞儀をして部屋を出ていった。

しばらくして、会長らしき人物が入ってきた。

「どうもこの度は、うちの若いもんがとんだ失礼をいたしまして。誠にご迷惑をおかけいたしました。まったくの人違いをしてしまいまして、本当に申し訳ありませんでした」

「こんなところに来るのは生まれて初めてですけど、みなさん礼儀正しいんですね」

「とんでもない。私は若い頃に勘当されまして。親の死に目にあえませんでした。たった一人の姉がいるんですが、さっき電話でやっぱり会いたくないと断られました。姉には家族もいるようですし、私みたいな人間と、関わり合いになりたくないんでしょう」

「……そうでしょうか。会いたくても何から話していいのか戸惑っているだけかもしれませんし。もし会えたら、こんなに立派になってって、きっと喜んでくださいますよ」

「人違いで連れ込んでしまったのに、やさしいお方だ」

や、やさしいだなんて、言われたことないし。私はその一言に思わず頬を赤らめた。

「きっといいことありますよ。私も人生どん底状態だったんですけど、どん底まで行ってお手上げしたらかえって開き直れて、最近うれしいことや楽しいことも増えてきました」

「そうですか。姉と再会できなかったことはショックでしたが、代わりにあなたのような方とお会いできて本当によかった。これも神様のお導きってやつかもしれません。

これからは姐さんとお呼びしてよろしいでしょうか？」

『姐さんじゃねえし！』と脳裏をよぎったが、ここまで褒められたんじゃしょうがない。

「いいですよ。血はつながっていないけど、義姉弟ってことで」

おいおい、調子に乗り過ぎ！　勢いで堅気の世界を捨てるんじゃない！　思っていることと裏腹な言葉が口から出て焦ったけど、どうせ達人が化けてるんだろうし。

「そういや、さっき玄関先でうちの若いもんをどやしつけていらっしゃいましたね。あの切れ味のいい啖呵。気持ちよかったあ。最近の女性には珍しい迫力で。好きなんですよ、ああいうの。あんなふうにビシっと言われてみたい。

本当にご迷惑でなければ、こうしてときどき会って話し相手になっていただけませんか？　気楽な茶飲み友だち程度で結構ですから」

想像を超えるにもほどがあるぞ……。けれども私はこの会長にほだされて、承知することにした。

カンは魂の大事なサインじゃ！

「おっ帰り〜〜〜〜♪」

「もう家にいたんですか？　ちょっと聞きたいことがあるんですけど、いいですか？」

「なんじゃ？」

「とぼけないでください。達人また化けたでしょ。私の極妻風啖呵にピッタリとか思って、あんな会長に化けたんですか？」

「何を言うとんじゃ。ワシじゃない。それは宇宙の采配じゃ」

「悪い冗談はやめてくださいよ。どうせ仕組んだのは達人でしょ。私は堅気の世界の人とまともに出会いたいんです。あんな小細工はやめてください！」

「勘違いしとる。あれはワシが化けたんじゃない。本物じゃ」

その瞬間、私は血の気が引いた。どうせ達人が化けたんだろうから、適当に乗っちゃっても大丈夫だろうと、どこかでタカをくっていたのだ。

あの会長、本物だったとは……。

「どうしよう……。義姉弟になるって。また会おうとか言われて、ラインの交換までしちゃいましたよ。お願いですから、達人が化けただけだって正直に言ってください」

「だからあ、ワシじゃないって。正真正銘、宇宙が結んだご縁なんじゃ。カンに従って動くだけで、想像を超える展開があったってことじゃろ。でかしたぞ。それはあんたが宇宙とツーカーになってきた兆候じゃ。ここまで三大基本原則や意識の向きに気をつけてきた甲斐があったのう。ついに出会いもあったっちゅうことじゃから」

「そ、そんな出会いなんて望んでませんよ」

「でも、会長さんと一緒にいるとき、まったく気取っとらんかったじゃないか。あの極妻顔負けの啖呵も、会長さんは気持ちいいとか言うとった。そんで、会長さんもそんなあんたに好意を持っとった。こりゃあ奇跡の出会いじゃな。

あの人はあんたを悪いようにはせん。男友達の一人くらいいたってよかろう。なんかのときには力になってくれるかも知れんし」

「別にそんな業界の人たちに力になってもらわなくてもいいですよ」

「まっ、ええじゃないか。少しは男と付き合ってみたらええ。それにどうしてもいやなら、あの真っ直ぐな人じゃ、ちゃんと自由にしてくれるじゃろう」

「自由にしてくれるだなんて、まるで囲い者みたいな言い方して」

「今のあんたは、こんなこと起きてほしくなかったって思ってるもしれんが、**カンというのは宇宙と直結している魂のサインじゃ。**そのときは、それにどういう意味があるのかわからなくても、魂はちゃんとあんたを最善の道に導いてくれる羅針盤じゃ。

　魂に従うと、あんたがこれまで体験したことのないような世界に導かれ、戸惑うこともある。けれど、それであんたの枠が広がるんじゃ。だから怖れず、体験してみればええ。

　豪邸のご婦人もそうじゃ。本当に豊かさを享受《きょうじゅ》しとる人たちっていうのは、どういうたたずまいで、どんなふうに人と接するもんなのか、身をもって体験できたじゃろう。

　これだって、幸せなお金持ちになるために必要な経験だったんじゃ」

「魂に従うと、こんなにリスクが起きるとは……」

「そうじゃ。あんたはある意味エライ！　そのリスクを乗り超えたじゃろう。男が土下座しても無視して通り過ぎることもできた。でも、あんたはどうせならあっちの世界も見てやろう思うて乗り込んだじゃろう」

「そんな、襲撃じゃないんですから、乗り込んだわけじゃないですよ」

「そのくらいの腹の据わり方じゃった。なかなかやるもんじゃなあ、と。そのリスクを乗り超える勇気がなければ、あの出会いもなかった。滝行も無駄じゃなかったようじゃな」

「そのために滝行したんじゃないですよ。一生の不覚だ」

「少なくとも、あんたの狭い常識っちゅう枠はぶっ壊された。それでよかったんじゃ。宇宙の導きに従って、先に進んでみいや」

まだ納得がいかなかった。しかしもう義姉弟とか言っちゃったし、あの会長さんも真っ直ぐでいい人だ。ありのままの私をあんなに褒めてくれた人も初めてだ。それに、イヤだって言ったことは絶対しないという不思議な信頼感はあった。だから気軽な茶飲み友だちとしてたまに会えばいいんだ。

小さな世界にいるより、未体験の世界を味わってみるのもいいかもしれない。

「魂の聖なる衝動」を見逃してはいかん！

あの会長との出会いからは、取り立ててビックリするようなことは起こらなかった。超ラッキーなこともない反面、超落ち込むこともなくなった。

　生活のためにやっていた仕事も、意識の向きを変えてみたら、効率化ゲームとして、意外に楽しめた。そのせいかミスも減って、上司からにらまれなくなった。とはいえ、肩たたき候補なのが変わるわけではなく、これが私のライフワークだとも思えなかった。

　本当にやりたいことって、何なんだろう？

　自己啓発書には、やりたいことをやれば成功すると書いてある。でも私には、そのやりたいことがわからないのだ。

　先月同僚が、イラストレーターになるとみんなに宣言して退職した。まだイラストレーターとして成功したわけでもないのに、彼女の目は輝いていた。やっぱりやりたいことをやって生きていくということが、魂に従う生き方なのかな……。

　最近、三大基本原則の「幸せや快適さを感じられる状態を心がける」を実践しているうちに、あることにとても幸せを感じるようになった。

　椅子を窓際に寄せて、好きなお茶を飲みながら外の景色をのんびり眺めること。

　私の部屋はアパートの2階だけれど、アパート前が大家さんの庭になっているので、意外と眺めがいい。大きく広がる空。庭に遊びに来る小鳥たちのかわいらしい姿。季節ごとに咲く花々。この景色を見てるだけで心が晴れる。

カフェに行って一人でお茶もいいけれど、こうしてお一人様専用の個室スペースがあったらいいのに。ゆったり座れるロッキングチェアに、暖かいひざ掛けも用意されて好きなアロマも選べる。お茶はこだわりのラインナップ。窓からは、素敵なお庭が眺められる。

時間制の予約制で、待たされることもない。こんなカフェスペースがあったら、いつも頭が忙しい人たちも、一人になって頭を空白にすることができるんじゃないかな。

本当は今の事務じゃなくて、そんな憩いのスペースをクリエイトするような仕事ができたらいいのになあ……。

目の前を美しい尾羽のオナガが飛んでいくのを眺めながら、そんなことを思った。

「はい、こんにちは。おくつろぎのところ恐れ入りますが、あんたの達人さんの登場じゃよ〜〜〜〜」

「もう、なんでいつも変なタイミングでばかり出てくるんですか？　私にとって一番好きなリラックスタイムを邪魔しないでくださいよ」

「ワシは絶対にタイミングを逃さん。あんた今、ものすごく素晴らしい構想が広がっとったじゃろう？」

「えっ？　構想？　そんな真面目なことなんて考えてませんよ」

「こんなお一人様カフェスペースを作れたらいいのにって思わんかったか？」

「ただの想像ですよ。あまりにこの時間が好きなので、そういうカフェがあってもいいかもなあって」

「お一人様カフェスペースのことを想像しているとき、どんな気分じゃった？」

「どんな気分？　う〜〜〜ん、そうですね。ちょっとときめくような、ほっこりするような、ふわっと心が軽やかになるような、そんな感じかな」

「それじゃあ〜〜〜！　それなんじゃよ〜〜〜〜〜！」

「いったいどうしたんですか？　そんなに興奮して」

「決定的な瞬間を逃してなるものかと思うて、ワシは時空を超えてあんたの前に姿を現したんじゃ！　それが有名な魂の聖なる衝動じゃ！」

「そんな言葉、初めて聞きましたよ」

「**魂の聖なる衝動とは、魂から湧き上がる、こんなことやってみたいという純粋な歓びのことじゃ。**今あんた、そうじゃったろう？」

「まあ、人の心の癒《いや》しにつながる空間を作るような、そんなクリエイティブなことができたらいいのになあって思ったのは事実ですけど」

魂の聖なる衝動は、この3つで見極めよ

「でもこれが、本物の魂の聖なる衝動なのかよくわかりません。どうしたら見極められるんでしょうか？」

「ふむ。なるほど。じゃあいくつかポイントを教えよう。

まず、**やることを想像したら、胸がときめくかどうかじゃ。**

それから、**思い描いたことをやっている自分を想像すると、とてもはつらつとして、いい顔してて、輝いている感じがする。**

さらに、**実現に向けて、いろいろ調べたり、行動したりするプロセス自体も楽しそうだって思える。**

これらが揃えば、本物の魂の聖なる衝動じゃ。

目を閉じて、お一人様カフェスペースを経営している自分を想像してみい」

私は目を閉じて、自由にイメージしてみた。

お一人様カフェスペースをスケッチブックに描いている自分が見えた。イメージの中の自分は、現実になっていくことに胸を膨らませている。

このお一人様カフェスペースは、既にあるカフェに新しく併設するスペースのようだ。現時点では、屋内のテーブル席だけでなく、ペットと一緒に過ごせるテラス席もある。

その庭には、行き当たりバッチリ散歩で見た豪邸のように、何本か樹があって、天気のいいときは、木陰でお茶をすることもできるようになっている。ほかにも、フランスの街角にあるような手の込んだ焼き立てパンを提供するブーランジェリーや、セレクト雑貨ショップもあるじゃない！　なんて素敵な複合カフェなんだ。

そして、そんな素敵な複合カフェを企画し、運営しているのは私！

今の私とは別人のように輝いている自分がいた。

「ワシもそんなカフェに行ってみた〜〜〜〜い♪」

達人の甘えたようなキモい声で、いきなり現実に引き戻された。

「どうじゃ。ときめいたじゃろう」

「じっとしていられなくなってきました。カフェは好きでしたけど、もっといろんなカフェに足を運んで調べてみたいです。行き当たりバッチリ散歩のときにも自宅の一部を改装した隠れ家カフェがあったんです。あそこに行って、オーナーに話を聞いてみようかな」

　私は調子に乗りやすい性格だが、単なる勢いではない魂の底から湧き上がるような歓びを確かに感じていた。

「すごいのう、もうすでに動き出したくなってきたんじゃなあ。どんどんやってみればええ。こういうときこそ、宇宙がたくさんのミラクルをきっと放り込んでくるぞ」

「はい！　とにかく手当たり次第に、できることをやってみたくなってきました」

「素晴らしい！　**今のあんたのような状態が、魂の聖なる衝動に突き動かされている状態じゃ。この状態から行動していく限り、だいたいうまくいく。**仮にうまくいかないことがあったとしても、乗り越えていける。

　世の中には、人から注目されるとか、金持ちになってブイブイ言わせられるとか、まあ、言うてしまえば、エゴの承認欲求から何かを始めたいと思う人もおる。その場合はうまくいかん。実現までのプロセスも楽しめん。

　仮に実現したとしても、ベースが人からの承認欲求である限り、やること自体が好きなわけじゃないから、続かんし、苦しくなっていくんじゃ。

もしかすると、やがてあんたの夢が実現して、想像した通りの複合カフェがオープンする日が来るかもしれん。連日お客さんがやってきて、雑誌に取り上げられたり、あんた自身も世間の注目を浴びるようになるかもしれん。

けど、**どんなにちやほやされるようになっても、今のこの、純粋な魂の聖なる衝動から経営していくんじゃ。**これは非常に重要なことじゃ」

「そんな、まだ何もカタチになっていませんし、できるかどうかもわからないじゃないですか。でもすでにとってもときめいてますけどね。そんなこと言われると、本当にそんなことが実現する気がしてきて、ワクワクしてしまいます。

私に本当にそんな力なんてあるんでしょうか？」

「そこまでカフェの具体的なイメージが湧いたわけじゃろう。ということは、あんたにはそれだけの才覚があるっちゅう宇宙からのサインじゃ。自分をなめたらイカンぞ！」

宇宙からの情報は言葉ではない

「今はまだ、あの隠れ家カフェのオーナーに話を聞いてみようっていうくらいのことしか浮かびませんけど、どうしたら早く実現できるんでしょうか？」

「はやる気持ちはようわかるで。でもなあ、情報を入れて考えてるよりも、今のあんたのように、とにかくできることからどんどん行動することじゃ。行動すれば、教科書で学ぶよりも、もっと実際的な知恵やコツのようなものも学べるだろう。

つまりじゃ、実際にカフェで働いてみればええ」

「ええ？　いきなりですか？」

「やり方はいろいろあるで。今の仕事を続けながら、休日だけバイトしてみるというやり方もある。そうすれば体はちょっときついかもしれんが、収入も増えるし、カフェの経営とはどういうものなのか、身をもって学ぶこともできる。一石二鳥やな。

あるいは、いっそのこと今の仕事を辞めて、カフェに転職してしまうというやり方もあるかもしれん。いずれにせよ、**ただ考えているだけでは何も進まん。**できることから手あたり次第にやってみることじゃ。**やりながら考える。**それが一番早い」

「ちなみに、やりたいことを実現させるためのアイディアや叡智みたいなものも、宇宙から受け取ることはできるんですか？」

「当然じゃろう！　**宇宙はむしろ、あんたに情報提供したくてたまらないんじゃ。**

魂というものは宇宙と直結しとるっちゅう話は以前にしたろう。

ということは、魂の聖なる衝動とは、宇宙の望みでもある。なぜそれが宇宙の望みであるかというと、それがあんたが最も能力を発揮でき、幸せを満喫でき、そしてまたそれがあんた以外の人の幸せにもつながる道じゃからじゃ。

宇宙の望みはあんたの魂の望み、あんたの魂の望みは宇宙の望み。だから、あんたが魂の聖なる衝動に従っているとき、宇宙は情報もチャンスも出会いも、惜しみなく与えようとする。しかもその与え方は人知を超えている。そこに想像を超える展開があるんじゃ」

「じゃあ、私は頭を空白にする時間を作って、宇宙に質問すればいいわけですか？」

「まず自分が今何を実現しようとして、何が知りたいのか？　具体的に投げかければええ。**抽象的な質問よりも、具体的質問のほうが、宇宙も具体的に教えてくれる**」

「それってチャネリングみたいな感じものですか？」

「その場合は、言語で情報が来る。でも、宇宙のアドバイスや情報のようなものは、必ずしも人間同士の会話のような形で来るわけではない。どちらかというと、言語を超えとる。

言語は、ワシとあんたのように、別々に存在していることが前提の世界における意思疎通のためにある。けど、宇宙にはワシとあんたのような境目はない、『ひとつ』の状態じゃ。

つまり言語というものを介さなければ理解できないような次元ではない。

だから、こっちが研ぎ澄まされてくると、宇宙からの情報は言語ではなく、閃きや直感としてやってくる。なんちゅうかあ、エネルギーの塊みたいな感じじゃな。

あんただってピンとくるときは、言語で理解しているわけではなかろう」

「今日は何食べようかって思った瞬間に、突然『焼き鳥』の映像が降りてきたりします。確かに『ヤ・キ・ト・リ』っていう言語では来ませんね。あの感じですか？」

「まあ、違わんこともないけど、ワシがせっかく高尚な宇宙の話をしとるのに、『焼き鳥』を例に持ち出されてもなあ、若干テンション下がるんじゃけど」

「仕方ないじゃないですか。それしか浮かばなかったんですから」

頭が空っぽなら宇宙の情報を一瞬で理解できる

「あんたの『焼き鳥』のように、映像で来る場合もある。慣れてくると、エネルギーの塊の状態で降りてきて、そのまま理解できるようになる。あんたの頭の中には、言語を超えたものを、そのまま理解できる中枢もあるんじゃ。そしてそれを言語化しようとすればそれもできる。けど、それでは時間がかかる。そんな手間をかけんでも、一瞬で理解できるようになってくる」

「私にできますか？　せいぜい焼き鳥の映像くらいですよ」

「もちろん、宇宙はその人に理解できるように、様々なソースを通じて情報を流す。

たまたまつけたテレビから流れてくる言葉や手に取った本のフレーズ、目についた看板の文字、電車で隣に座ったカップルの言葉だったりもする。目の前に広がる風景や出来事、自分の何気ない行動に宇宙からのメッセージが入っていたりもする。

どんな形態であろうと、こっちが宇宙からの情報をキャッチしようとするアンテナをビンビンに立てていれば、たいていピンと来るもんじゃ」

「慣れるまでは私でも理解できるように、様々な形態で情報提供してくれるんですね」

「けどなあ、何かを夢中でやっているときほど、頭の中が空白になるじゃろう。その状態なら特に訓練せんでも、おそらく一瞬にしてわかる。もともとワシらと宇宙はひとつなんじゃ。だから、できて当然じゃ」

「今は、カフェ経営ってどうすればうまくいくのか、そんなカフェを実現していく足がかりはどうすれば作れるのかが知りたいです。そのことを宇宙に聞いておきます」

「すぐに答えがピンと来なくても、必ずベストなタイミング、かつベストなルートで答えは来ると信じることじゃ。

質問を投げたら、あとのことは宇宙におまかせして、今の自分にできることを、一歩一歩やっとればええ。決して焦らんこと。**実現していくまでのプロセスを楽しみ、夢中になってやっとれば、宇宙が見えないところで必要なアレンジをしてくれる**」

「この先どうなるかわかりませんが、余計な心配より、できることをやろうと思います」

「またワシは、状況を見て、必要なときに突然現れるじゃろう。それじゃっ」

まだ何も実現していないのに、不思議と、カフェの想像がカタチにならないなんてありえないという気がしていた。同僚がイラストレーターになると言って会社を辞めたときはとてもうらやましいと思っていたが、私も三大基本原則と意識の向きを心がけていただけで、自然にやりたいことが見えてきた。

やりたいことなんて、そもそも誰しも持っているに違いない。

発芽にふさわしい環境が揃ったら、タネが自然に発芽するように、その人の周波数が宇宙の周波数と同調する状態になれば、自然に気づくようにできているのかもしれない。

もしタイムマシンがあったら、10年前の自分にそのことを教えてやりたい。

私は休日に、自宅を改造した隠れ家カフェを訪ねてみることにした。その店は会社を早期退職したオーナーが奥様と一緒にやっている12席ほどの小さなカフェだった。

おススメだという水出しコーヒーとシフォンケーキをオーダーしたが、どちらも心のこもった手作りの味でとてもおいしかった。

けれどもカフェ経営について聞いてみると、思ったほど甘くないことがわかった。メニュー単価はどうしてもそんなに高くできない。コーヒー１杯で粘られてしまったら、あっという間に売り上げも落ちる。材料費は低いとはいえ、それではテナント料も払えない。だからテナント料のかからない自宅の一部を改装して開業したものの、資材を含めた改装費だけでも１０００万円は下らなかったそうだ。とてもじゃないが、今の私にすぐにどうにかできるような金額ではなかった。

私が夢に見たような複合カフェなんて、いったいいくらかかるのだろうか？

あこがれだけで始められるようなことではなかった。しかし、私のときめきはそんなことでは消えなかった。

きっとどこかに足がかりがあるはずだ。あきらめずにあちこちカフェに足を運んで実地調査をしよう。カフェの開業に向けた本だってあるし、週１で通えるカフェの開業知識や技術を学べる夜間の専門学校もあることがわかった。

宇宙のサインには迷わず従え

仕事以外の時間は、夢のカフェ実現に向けてすべて費やした。こんなに何かに熱中できたのは、おそらく生まれて初めて。達人に教わった三大基本原則と意識の向け方にも、だいぶ慣れて、テレビで何となくBSを見たいと思って地上波から切り替えると、なんと古民家カフェを週1で紹介する番組に当たったり、家の最寄り駅から3つ目の駅前にカフェやパティスリーの専門学校がオープンし、その学校説明会に参加できたりした。

そんなある日、今の会社で人事面談があった。

私の仕事ぶりに、あまり成長を感じない。この状況では職級が上がることもなく、昇給も退職まで大して望めない。会社の経営状況からいって、余剰人員を雇っている余地はない。よく考えてほしい――肩たたきの度合いがより露骨になってきた。

もちろん、今すぐにカフェを経営する力量と経済力があるなら、私だって会社を辞めたい。でもまだ足がかりさえもつかめていないのだ。

肩を落として家に戻ると、達人が待ち構えていた。

「決断のときが来たようじゃな」

「会社を辞めろっていうんですか？　今辞めたら自殺行為ですよ。カフェの開業どころか、生活さえしていけなくなってしまいますよ」

「ホントにそうじゃろうか？　あんた、今の仕事は楽しいか？」

「おかげさまで意識の向け方を変えられるようになったので、効率化ゲームだと思ってそこそこ楽しくやっていますよ」

「けど、ワクワクせんじゃろう？　本当はすべての時間をカフェの開業に向けて使いたいくらい熱中したいんじゃないのか？」

「もちろんそうです」

「あんたにひとつ教えとかなイカンことがあったんじゃ。それは宇宙のサインに従うっちゅうことじゃ」

「宇宙のサイン？」

「もしあんたが宇宙を味方につけたいなら、宇宙のサインには四の五の言わずに従うことじゃ。宇宙はとてもわかりやすくサインを出す。このところ、カフェの開業に関する情報が、タイミングよくどんどん流れてくる気がせんか？」

「確かにそうです。家の近くにカフェの専門学校ができたのには驚きました」

「そうじゃろう。けれど、今やっとる仕事に関してはどうじゃ？　肩たたきの度合いが一段と激しくなっとる。頑張っていても、大して昇給も望めないと話されたじゃろう？　これがどういう宇宙からのサインかわかるか？」

「……。わかりますけど、わかりたくないです」

「宇宙はこっちに進めばいいんじゃっちゅうことには、ラッキーなことやミラクルをどんどん起こす。けど、そっちではないぞっていうことには、どんどん壁を作り、それ以上進めんようにするんじゃ。

　たとえそのサインに従うことにリスクがあったとしても、思い切って従ったとき、人生最大のミラクルともいうべき後押しが来る。だから今のあんたは重要な岐路に立たされとるわけじゃな。

　もしその決断を先延ばしして、そっちじゃないちゅうとるのにそれでもグズグズしとるようなら、宇宙は強制終了という手段に出る。つまり、これ以上会社にいられなくなるようなことが起こる。そこまで追い詰められる前に、あんたはその決断ができるか？」

「でも、どうしたら生活していけるか……」

「夢に描いたような、人がそこに来るだけで癒され、元気になるような複合カフェを作るんじゃろう？　そんなカフェを作るための情報を少しでも早くたくさん手に入れたいんじゃろう？　それなら、何をすればいいかなんて見えとるはず！」

「わかってますよ!!　でも若い人ならともかく、私のような40代後半の素人を雇ってくれるカフェなんてあるんですかね!?」

「また意識の向きをロクでもない方向に向けよったぞ。そっちじゃないじゃろう！『私のような熱心に働き、学びたいという人間を高給で雇ってくれる店は絶対ある』っていう方向に意識を向けんか！

　このまま強制終了がかかるまで、今の会社にしがみつくんか？　それともリスクがあっても魂の歓びを感じる世界に転じるのか？　どっちに宇宙が味方するかなんて考えなくてもわかるじゃろう。ヒント出し過ぎっちゅうほど出とるで」

「とにかくバイトができそうなカフェを探してみます」

「ええか、大事なことは腹をくくること。**どういう展開になろうと、宇宙におまかせして、帰る橋を焼いて進む覚悟じゃ。その覚悟が決まらんことには、カタチだけの行動を取った**

ところで、突破口は開かん。

ええか？　覚悟じゃ、覚悟じゃぞ〜〜〜〜」

最後の言葉をフェイドアウトさせながら、達人は消えていった。

覚悟。そうだよな。中途半端にどっちつかずでいたら、強制終了になるだけ。今でもその気配が濃厚じゃないか。せっかくやりたいことがはっきりしたんだ。もう40代も後半だ。グズグズしている余裕なんてない。

もう常識や世間体にとらわれて生きることなんてやめるって誓ったんだ！

好きに生きるって決めたんだ！

そうだ！　お金がいっぱい入らなくても、生きていくことぐらいできる。

今が人生最大の勝負所だ。

よし、決めた。会社を辞めて、カフェで働いてやる！

「40代後半にもなってカフェでバイトですか？」って人に言われても、もういい。

好きなことに飛び込むこともできず、やりたくないことをガマンしてるだけの、ジリ貧の人生は卒業だ！

こっちのほうが、よっぽどエキサイティングじゃないか！

どん底まで行って、お手上げになってよかったよ。私もいよいよ踏ん切りがついた。

どうなろうと、宇宙におまかせだ！　私もこれからは好きに生きるから、宇宙も好きにしてくれ！

達人と出会った頃に紙に書いた決意とは比べ物にならないほど、私の決意は強固になっていた。私はその勢いのまま、退職届を書いた。

と、そのときだった。ヤクザの会長からラインが来た。

「先日はお時間を取ってくださって、ありがとうございました。明日の土曜、もしよろしければまた、お茶でもしませんか？」

これはちょうどいい。さすがにあの事務所に出入りするのはもうゴメンだ。

気になっていたカフェで一緒にお茶をしようと返信した。会長は快諾してくれて、驚いたことに、かわいらしい猫の『了解ニャン♪』というスタンプまで押してきた。

私は週明けの月曜の朝一番で、今書いた退職届を出すと決めていた。

ここまででわかった

宇宙の大事なこと

1

考えたことをやってみたくなる
「魂の聖なる衝動」を見逃さない

2

テレビ番組や本、風景や出来事…
どこにでも宇宙のメッセージがある

3

達人は高尚な話をしているときに、
テンションを下げたくない

その先は、まだ秘密…

第5章

幸せな金持ちに
ならんと
意味ないじゃろう

お金を一番にすると振り回されるぞ

会長と待ち合わせしたカフェは、ターミナル駅の駅ビルに入っている。私がイメージしたような、おいしいブーランジェリーを併設している。ここのパンはちょっと値段が張るがおいしいことで有名で、今日も混み合っていた。

会長は先に来ていて、私が席に向かうと、わざわざ立ち上がって出迎えてくれた。

「いやあ、お忙しいところ、ありがとうございます」

「会長こそここまで来てくださってありがとうございます。実はこういうところに来たのには、ちょっと理由があって……」

「うちの事務所じゃ、姐さんも落ち着かないでしょうから。言わんでもわかります」

「それもそうですが、それより、私、カフェをやりたいと思っていて。休日はこうして気になるカフェに調査がてら来てみたりしてるんですよ」

「そんな夢をお持ちだとは！　実は私も、今までとにかく仕事にばかり気をとられてきて、もっと心が潤うようなことをしたいと思ってたところです。なかなか難しいんですけどね」

　会長はちょっと寂しそうな目をしながら、深いため息をついた。

「やっぱり経営って、大変なんでしょうね。私がやりたいカフェも、想像していたよりもずっと厳しいって。でも諦めません。会長のお仕事は命懸けのところもありますし、もっと大変ですよね」

「こんな愚痴は下のやつらには言えませんからね。この間も現場で一人死にまして……。家族に対してできる限りの保障はしましたけど、しばらく胸が痛みました」

　ゲッ！　何の話だよ。ほかの組との抗争とか？

「あのう、私のような素人が口をはさむのもなんですが、どうかお命だけは大切に。いくら組織のためとはいえ、命を粗末にするようなことをしたら、私、本気で怒りますよ。もう会長さんとはお会いしませんからね」

「ありがとうございます。今まで命を削って働きづくめだった気がします。もうちょっとこうして姐さんとお会いしたりして、心にも体にもゆとりを持つようにします。

　それにしても、姐さんは、本当の姉さんより私のことを思ってくださって。そこまで言ってくださるなんてありがたい。私にできることがあったら、協力させていただきます」

会長さんはいい人だけど、さすがに反社会勢力のお力添えはゴメンだ。

「ありがとうございます。でも、教えてくださる方もいますし、自分なりにできることをやっていきますので。

実は、あさっての月曜の朝一番で、会社に退職届を出そうと思ってるんです。

この歳で、会社辞めてどうするんだよって思うかもしれませんけど、もう決めたんです。どうしてもカフェをやってみたいので、どこか雇ってくれるカフェを探して働こうと。それが一番現場を知ることにつながるでしょ。収入が減ったとしても、きっと何かきっかけがつかめる気がするんです。だから心配しないでくださいね」

「もちろんです。ここまで来て思うのは、金を稼ぐことを一番にしていると、金に振り回されるってことです。とにかく利益を上げないと、下のもんにメシを食わせられない。それに気を取られて、心も休まらない。金のためにすべてを犠牲にしてきた気さえします」

その業界に入った時点で、大事なことが置き去りにされてんじゃないのか？

そう突っ込みたいのを抑えて、話を聞き続けた。

「いくら金が入ってきたところで幸せじゃないんですよ。少しも心が潤わない。いつも何かに追われているみたいな。だから、やりたいことに目を輝かせて方向転換しようとしている姐さんがうらやましい。なんだかすごく輝いて見えます」

「会長さんって、本当に真っ直ぐな方ですね。そんな風に言ってもらえて勇気百倍です。私はこれを機に、本当にやりたいこと以外やらないって決めてるんです。

私、この歳で独身だし子どももいません。守るものなんてないんです。以前はとにかく結婚さえすれば幸せになれるって思ってました。

でも今は、独身だから、身軽にやりたいことに挑戦できると思えてきて、これはこれでよかったかなって思ってます」

「私なんてバツ2で、そのたびに慰謝料をガッポリ取られてますから、結婚すれば幸せになれるとも限らないって見本ですね」

「会長さんも、いろんなことがあったんですね」

「そりゃあもう。最初にこの事業を始めた頃は、金よりもやってること自体の歓びで前に進んでいけた。あの頃が一番楽しかったですよ」

「私も今の気持ちを忘れないようにします。いつもこの原点に戻ってこられるように」

「やっぱり姐さんと会うと元気もらいますわあ。お忙しいことと思いますが、またぜひお会いしてください。ここのお代は私にもたせてください。私からの姐さんへのお礼を兼ねた応援ってことで」

「いいんですか！　ありがとうございます。正直言って助かります」

「また姐さんが気になるカフェがあったらご一緒しましょう」

「本当にありがとうございます。出世払いしますので、楽しみにしててくださいね」

先行きが不透明ながら、既に私は生きるのが楽しくなっていた。やりたいことをやるってやっぱり素晴らしい。リスクを取ることができた自分にも感動だ。

さあ、自分の道をどこまでも進んでやる！　私はかつてないほど晴れ晴れとしていた。

腹が据われば宇宙が強力にサポート！

月曜の朝、私は退職届をバッグに入れて、会社に向かった。

その日の私は、「ああ、今日から１週間、また仕事か」っていう重い足取りではなかった。

決然と自分の道を進んでいく力強い足取りだった。

不思議なもので、**覚悟が決まると、辞めたあとの生活をあんなに不安に思っていたことがウソのようだった。**何とでもなる。そんな根拠のない確信があった。

出社すると、私から声をかける前に、上司から声をかけてきた。

「ちょっといいかね。15分ほどでいいんだけど、今日、どこかで時間取れるか？」

「はい。朝礼後すぐでも結構ですが」

私はもう何も怖くない。以前なら呼び出しを食らうたびに滅入っていたが、今日は違う。

「来るなら来い！　受けて立ってやる」っていう気分だった。

いつも面談する小会議室に入ると、上司が早速話を切り出してきた。

「実は、会社の経営状況もあまりよくないし、残念なことなんだが、人員削減に踏み切ることになったんだ」

そこまで聞いて、私は書類ケースに入れた退職届に手を伸ばした。

「それで、45歳以上を対象に早期退職制度を設けることになったんだ。もしこの制度を利用すれば、退職金に1年分の年収を上乗せする。それに会社都合での退職になるから、失業保険もすぐもらえる。どうだろう、考えてみないか？」

えええ？　そんなうまい話が、このタイミングで来るなんてことある⁉

私は驚いて椅子からずり落ちそうになった。

「急な話で驚かせてしまったかな……。ゆっくり考えてもらっていいよ。半年くらいの猶予はあるから。先のことも考えないといかんだろうし」

「あの……ありがとうございます。私もこのままだとどうしようもない気がして、辞めようとしていた矢先でした。ちょうどやりたいこともはっきりしまして、不安ですがそっちに進もうと決めたんです。なので、辞めさせていただきます。お世話になりました」

私は用意してきた退職届を差し出した。私がゴネるどころか、退職届まで用意していたことに、今度は上司が椅子からずり落ちそうになっていた。

私は仕事の引き継ぎが終わり次第、できる限り早く辞めたいという意向を伝えた。とはいえさほど引き継ぐこともなく、長年使った机の中を空っぽにして、私物を持って帰れば終わりだ。残っていた有給を消化することにし、1カ月後の正式退職が決定した。

ちょっとさびしいような、うれしいような複雑な気持ちになった。

家に帰ると、達人が待ち構えていた。

「やったのう！！　なんちゅう素晴らしい宇宙のサプライズ！　これこそ、ワシがよく言うとった『想像を超える展開』っちゅうやつじゃ」

「ホントにこんなことってあるんですね。いまだに信じられない気分です。

でも、ちょっとさびしい気持ちです。私なりに一生懸命仕事をしてきたし、達人に会ってからもゲームのように楽しみながらやっていたのに、やっぱり会社からすれば不必要な人間だって烙印を押された気分になりました」

「それは早合点じゃ。宇宙のサインの話をしたじゃろう。そこはあんたのいる場所ではないというだけじゃ。だから決してあんたが無能だとか、役に立たないということではない」

「そうかあ……。そう思ったら少し気が楽になりました」

「それにしても、なんであんな信じられない渡りに船みたいな話が来ると思う？

それはな、**あんたの腹が決まったからじゃ。逃げ腰なうちはあんなことは起こらん。**

『もうどうなってもいい。何が起ころうと、自分も好きに生きるから、宇宙も好きにしてくれ！』と怖れを手放して、宇宙におまかせしたじゃろう。そのとき、いよいよ宇宙は縦横無尽に動ける。そして想像をはるかに超えるミラクルを起こすんじゃ」

「私も退職を決断するまでは、先々の不安がありました。でも、『どうなってもいいや。会社辞めたくらいで死ぬわけじゃないし、バイト先くらいきっとどこか見つかる。生きていくことぐらいできる』って腹が据わったら、今まで感じたことのないような力が湧き上がってきたんです。リスクがあっても飛び込むって決断できたとき、人ってこんなに強くなれるんだって思いました」

「**魂の聖なる歓びに無条件降伏すると、人は宇宙とのつながりを取り戻す。**すると、この世で最強で最高のものである宇宙とバチーンとエネルギーが通じるから、今まで感じたことのないような力が湧き上がってくる。そうなったらもう、怖いもんナシじゃ」

「私、とにかくできることは全部やる覚悟です。達人、本当にここまで導いてくださって、ありがとうございました」

「いや、あんたもようワシを信じてついてきてくれた。こちらこそや」

達人は感動してワンカップで目頭を押さえながら、煙のように消えていった。

何事も真実は「現場」にあるんじゃ

退職金は、なんと１０００万円以上もあった。近くにできた2年制の専門学校の昼コースに週５で通うことも十分にできる。

専門学校で学べば即戦力になれるが、しかし、本当のことは現場にある気がした。私は昼間にカフェで働きながら、そのあとに週３日で夜間の専門学校に通うことにした。

そして、早速手当たり次第に、よさそうなカフェのバイトに応募した。最近は若い人だけでなく、主婦層のパートの募集も結構あり、意外に年齢制限は厳しくなかった。

その後、比較的近所の雰囲気のよいカフェにあっさり採用が決まった。時給は１２００円。10時から15時までの平日週４日勤務。これなら失業保険を受給しながら働ける。

計算してみたら、失業保険とバイト代を合わせると、退職前の月収とそんなに変わらないことに気づいた。これは、早期退職制度という超ラッキーが起こったからでもあったが、本当に何とかなってしまったことに驚いた。

それに、**何よりも好きな仕事ができるという歓びが大きかった。**

バイトだろうと何だろうと、やっていて楽しいと感じられることをしているほうが幸せだ。魂の聖なる衝動に従って、どうにでもしてくれってくらいの勢いで飛び込んでいったら、宇宙は本当に味方についてくれた。

バイト初日、家に帰ると、達人がニコニコして待っていた。見ると、テーブルの上には、クリームとフルーツたっぷりの見覚えのあるパンケーキが2つ置かれていた。

「今日は一緒にお祝いしよう。あんたの素晴らしい門出じゃ」

「これって、あのカフェから時空を超えて無断で持ってきたんじゃないでしょうね？」

私は冗談めかして言った。

「ワシの力をナメるなよ。鍋焼きうどんだって出したじゃろう。ワシはドラえもんも真っ青の達人じゃぞ」

「よかった。じゃあさっそくいただきます。あっそうだ！　コーヒーを淹れますね。おいしいコーヒーの淹れ方を研究しているんですよ」

私はおいしさが引き立つように、丁寧にゆっくりとコーヒーを淹れて、達人に出した。

「おお、おいしいコーヒーじゃ！　あんたがそうやって生き生きしとるのを見るのが、ワシの一番の歓びじゃ」

「へへへ、達人のおかげです。感謝してます」

「あんたなあ、ええ選択をしたで」

「バイト先のことですか？」

「専門学校一本にせずに、カフェの現場でしっかり働こうとしたことじゃ。もちろん学校で習うことも役に立つ。けど、現場に本当のことがあると思ったじゃろう。その通り。

バイトも、手当たり次第に当たって砕けろ方式で応募したじゃろう。それもよかった。人は不安になると、迷い出す。迷うと失敗を怖れて行動できんようになってしまう。**もっと勉強して、知識を詰め込んだり、資格を取ったりしてからやろうと思う。そして現場ではなしに、机に向かってしまうんじゃな。**

知識ももちろんあっていい。それが不要だとは言わん。けど、**いくら経営学を学んだところで、焼き芋屋ひとつ始められん。**それより、焼き芋屋を手伝うて、どうやって仕入れてどうやって焼いて、どのあたりにリヤカーを引いていって、お客さんとどうやってコミュニケーション取ればええか、実地で失敗しながら学ぶほうが早いんじゃ。

その点、専門学校は技術も身につくだろうし、必要な知識も得られるだろう。けど、カフェのバイトは、現場の実態やカフェの経営を身をもって学ぶことができる。初めてのことじゃから、あんたはこれから店長に怒られたり、お客さんにクレームを言われたり、失敗もたくさんするだろう。でも、それでええ。

失敗することで、逆に何に気をつければいいのかという貴重な学びが得られる。くじけそうになっても、お金をもらいながら勉強させてもらってると思うて精進することじゃ」

「私っておっちょこちょいだしあわてんぼうだから、いろいろ失敗もします。でも、そんなことでいちいち落ち込んでる暇なんてないです。もう帰る橋は焼きました。どうなろうと宇宙におまかせしたし、私にできることをとにかくやりまくります」

「うん、そうじゃ、その意気込みじゃ。あんた、本当に強うなったな。ワシはええ子を選んだ。マジにワシ、よくやった！」

自分に感動しとるんかい！　でも、そんな達人のことを、私は大好きになっていた。

夢が実現している意識をもつとええ

「もうひとつ大事なことを教えよう。それはな、たとえ今はバイトだったとしても、あんたの夢であるカフェの経営者の意識でやるんじゃ」

つまり、自分がこのカフェの経営者なら、どうするだろうという意識でバイトするっちゅうこと。オーダーを取ってお客さんに出せばいいっちゅう軽い気持ちで仕事するんではなく、お客さんが来たくなる店にする工夫や、バイトにどんなふうに働いてほしいかを先取りしてやるんじゃ。時給分の仕事をすればいいという意識ではなく、時給以上の仕事をしてやろうと思うことじゃ。これは非常に大事なことじゃ。

夢がかなう前提でやるかどうかで、あんたの未来は大きく変わるぞ」

「なるほど。オーナーの意識でバイトしたら、もっと面白くなりそうですね」

「これは何もバイトしているときだけじゃないぞ。普通に生活しているときも、道を歩いているときも、自分はすでに憩いの複合カフェを経営しているんだっちゅう意識でいるようにする。

そうすれば、あらゆるところに、その実現に向けたヒントやチャンスがあふれていることに気づくじゃろう。以前、宇宙があらゆるソースを通じて、あんたに情報提供してくれていると言ったのはそういうことじゃ。

世の中には、自分にはチャンスがなかなか巡ってこないと嘆いている人もいるが、本当はそうではないんじゃ。ヒントもチャンスも溢れかえっとる。そのことに気づいていないだけじゃ。

宇宙が与えてくれているあらゆるヒントやチャンスに気づくためには、常日頃から、自分の夢が既に実現しているという意識でいることなんじゃ。

実現した意識でいることがさらに素晴らしいのは、あんたが発する周波数が、複合カフェの経営者の周波数になるっちゅうことじゃ。これがどういうことかわかるか？　意識の向きの話をしたときに、人が意識を向けた方向に現実化するのが宇宙の法則じゃっちゅうたのを覚えとるか？」

「はい、ノートに赤字で書いて、トイレにも貼ってます」

「じゃあ、あんたがもうカフェの経営者いう意識になっとったらどうなる？」

「ああ、そういうことか！　現実化が促進されるんですね」

「その通りじゃ。だから常にその意識でいるとええんじゃ」

歓びが一番になったとき、豊かさが雪崩れ込む

私は達人に教わったように、カフェ経営者の夢がかなった意識で取り組んだ。

意識はオーナーでも、残念ながら働きぶりはまだ素人。混雑したランチではオーダーを

取り違えたり、食器を洗っていたら来店したお客さんに気づかず、待たせ過ぎて怒って帰られたりもした。トイレがきれいな店は繁盛する店と聞いて丁寧に掃除していたら、店長に「いつまでやってるんだ！」と怒鳴られたりもした。

失敗が続くと情けなくなってきて、とてもじゃないが経営者の意識でなんていられないこともあった。それでも、的確に全体を把握して素早く無駄なく動けること、そしてさりげなくお客さんを気遣えることが必要なのだと、身をもって学ぶことができた。

私は会社に勤めていたときとは別人のように熱心に働いた。その日の仕事を通して学んだことは、ノートにメモして忘れないようにした。

達人が教えてくれたように、時給以上の働きを心がけた。新メニューのチラシを専門学校で教わったノウハウをもとに率先して作成したり、ガタついたテーブルがあれば空いたタイミングで脚のネジを調整したり……。とにかくクルクル無我夢中でよく働いた。

すると、私は店長から信頼されるようになり、めきめきカフェの戦力となっていった。3か月後には時給がアップし、さらに半年後には、店長からオーナーに「店長候補として正社員登用を推薦した」という話までいただいた。本当にありがたかった。

夜間の専門学校でもたくさん学んだ。カフェ経営のいろははもちろん、コーヒーのおいしい淹れ方や、今、人気のあるスイーツの作り方など、実践的なものばかりだった。

帰宅してからも自分で納得がいくまでスイーツや飲み物作りの復習もしていた。

ある日、スフレとタピオカ抹茶オレを作っていたとき、達人がひょっこり現れた。

「やっとるねえ。昔は男の料理みたいなもんしか作れなかったのにスイーツが作れるようになるとはなあ。試食が必要なときはいつでも呼び出してええぞ。ワシ、ワンカップも好きじゃけどスイーツも大好きじゃ♪」

「どうぞ食べてみてください。なかなかスフレがふわっと膨らまなくて、何度も失敗したんですけど、コツがわかってきました。今日のは上出来ですよ」

「どれ……。ふわっふわのとろっとろじゃないかあ。幸せの味がするぞ」

「よかったあ。作ってる本人が幸せですから幸せの味がするんでしょうね。

私、会社員時代とは別人のように働いてます。カフェのバイトって結構な肉体労働だし、専門学校の課題もあるし、人気カフェの調査にも行っているので、かなり忙しいですけど、めちゃくちゃ充実してます。もうカフェで仕事しているのが楽しくて楽しくて。

人生がこんなに楽しくなるなんて、自分でもビックリです」

「そうじゃろう。魂の聖なる衝動に従っとるときっちゅうのは、そういうもんじゃ」

「聞いてくださいよ。3か月目で時給が100円も上がったんですよ！　たった100円ですけど、人生で一番うれしい100円でしたよ。それに、『こんなに熱心に働いてくれる人は初めてだ』って店長に言われてオーナーが次の店長候補として推薦してくれたんです。正社員は年俸＋歩合制で、売り上げ次第でお給料にも反映されるらしいです。頑張れば会社員時代より高収入になるって。不思議とお金回りもよくなってきているんです」

「そりゃそうじゃ。帰る橋を焼いて、どうなろうとひたすら魂の歓びに従って働いとると、豊かさも流れ込んで当然じゃ。**歓びにあふれていたら、宇宙の周波数とめちゃくちゃ同調することになるわけじゃからのう。**

　だから今のあんたのように、収入もアップするし、店長候補の話がわずか半年で来るっちゅうミラクルも起こるわけじゃ。

　ただそれでも今はバイトじゃ。本当に経営するとなったら、魂の歓びだけっちゅうわけにもいかなくなる。収益度外視で経営的に成り立たなければ、店として続かん。専門学校で教わる収益を上げる鉄則もおろそかにはできんぞ。

　つまり、魂の歓びを第一にすることは大前提だが、その上でしっかりそろばんをはじける状態のとき、お客さんも歓んでくれるし、店自体も繁盛して、お金も安定的に雪崩れ込むようになる」

「お金を一番にしたら、もしかしたらお金は入ってくるかもしれないけど、幸せではなくなるっていうことですか？」

「そうじゃ。あんたもたくさんのカフェに足を運んできたからわかるじゃろう。

流行っていてお客さんの入りも悪くない。でも、雰囲気がどことなく殺伐として、乾いた感じのするカフェ。そういう店は続かん。

一方で、それほど立派でおしゃれなカフェじゃないんじゃが、いるだけで心が安らいで、また来たいっちゅう雰囲気のカフェもあるじゃろう？

目には見えない波動のようなものをお客さんも敏感にキャッチしている。だから決してごまかせないものなんじゃ」

「まだ会社員だったときに、あるカフェに調査で行ったんです。立地も悪くないし内装もおしゃれなのに、なあんか雰囲気がよくなかったんですよ。先日再訪したら、閉店するって張り紙がしてあって驚きました。スタッフさんに話を聞くと、オーナーがカフェには特に興味がなくて、お金さえ儲かればいいという方針だったって。カフェ経営のノウハウもなくて他人に任せきりにしていたら、1年もしないうちに閉店することになったみたいです」

「つまり、お金さえ儲かればいいっちゅう方針で、やっていることに愛も興味もなければ、やっぱりお金も入らなくなるし、店としても続かなくなるっちゅうことじゃ。

魂の聖なる衝動に従えば、もちろん自分のやっていることに対して愛情を注ぐことができる。そして愛があるからこそ、継続発展させる工夫も苦ではなくなってくるんじゃ」

真に自分を大事にしておるか？

「ところで、あんた、毎日充実した日々を過ごしとるのは素晴らしいことじゃけど、自分に対するケアはしとるか？」

「えっ？　できる限り快適で心地よい状態を心がけるようにはしてますけど」

「あのなあ、下着なんてどうせ人には見えんと思うとるかもしれんが、ワシにはわかっとる。今穿《は》いとるパンツは擦り切れとる」

「こののぞき魔！　人の下着まで透視するなんて!!　いくらなんでもプライバシーの侵害

です！」

「ワシかて、そんなもん見たないんじゃ。けど、宇宙があの子こんなん穿いとりますっちゅうて、画像を送ってくるんじゃ。迷惑千万じゃ！

けど、なんで宇宙がわざわざそういう情報をワシに伝えると思う？

それはじゃ、これから大きなお金の流れを作らんとイカンあんたが、豊かさからほど遠い状態になっとるっちゅうことを教えるためなんじゃ。

好きなことに熱中するのは素晴らしい。確かに今のあんたは輝いとる。毎日忙しく動き回っとるせいか自然と見た目もようなってきた。けどなあ、擦り切れたパンツなんか穿いとるっちゅうことは、自分を大事にしとらんっちゅうことじゃ」

「別に大事にしてないわけじゃないですよ。買いに行ってるヒマがないだけですよ」

「ええか？　自分という存在は大事な存在だと自分自身が認めることができるようになったら、お金はもちろん、様々な豊かさが流れ込みやすくなるんじゃ。

なぜなら、宇宙からすれば、あんたは大事な大事な存在。ということは、あんた自身も自分を大事に扱えば、ますます宇宙の周波数と同調するようになるんじゃ。そしたら宇宙の無限の豊かさが流れ込みやすくなって当然じゃろう。

もし神様が目の前にいたら、その神様に対して擦り切れたパンツを穿かせるか？　**自分を神様くらいに思って大切にするくらいでちょうどええ。**ヨレヨレの服なんて捨てろ。欠けた食器で食事するな。部屋だって掃除もせんと埃だらけにしとったらイカン！」

「毎日忙しくてそこまで手が回らないんですよ」

「いや違うな。これは今だけの話じゃない、昔からじゃ。あんたは宇宙から見ればこの上なく大事な存在じゃ。それなのに、あんた自身が自分を大事にしてこなかったから、人からも大事にされなかったし、豊かさも流れ込んでこなかったんじゃ。

何もこれは、いわゆるきちんとした生活しろっていう規律委員会の今週の目標みたいな話じゃないで。

自分を大切に扱うことが、宇宙を味方にすることに直結するから言うとんじゃ」

「そういえば、昔から自分のケアなんて表面だけでごまかしてきたっていうか……」

「これから自分でも想像さえせんかったような大きな流れに乗ろうというときに、ええ加減にできんことなんじゃ。豊かさを受け取るための基本中の基本じゃ。

よう考えてみい。誰にも見られとらんとしても、擦り切れたパンツを穿いとるっちゅうことは自分自身が一番よく知っとる。トイレのたびにテンション下がるし、自己価値も下がる。**もし新品で快適なパンツを穿いとったら、自分が一番気分ええじゃろう。**どっちが自分を幸せにすることなのか、自分に聞いてみたらわかるじゃろ」

「確かにカフェで倒れて搬送先の病院でイケメンのお医者さんがいたら……擦り切れたパンツなんて見られた日には、覆水盆に返らず的な後悔をする自信はあります」

「そういう問題ちゃうわあ!!

人は、なかなか自分の生活スタイルを変えられん。意識的になってみれば、今の生活スタイルは自分を幸せにしていないとよくわかるのに、馴れとるから流されてしまう。

本当はどんな生活スタイルが自分を幸せにするのか立ち止まって考えて、より自分を幸せにする道を選択し直すべきじゃが、生活を変えることには抵抗も出る。

でもなあ、そこを超えて、自分を大事にする道を選択すると、やっぱり気分がええわけや。生活もより快適で、何より自分が自分を大事にできているという自信も湧く。きちんとしたパンツを穿くことひとつでも、今までと違う自分への信頼が生まれるんじゃ」

「わかりました。明日はお休みで、また新しいカフェの調査に行こうと思ってたんですがパンツを買いに行きます！　部屋も掃除します！」

翌日、さっそく量販店に行って、今出せる金額の範囲でできるだけ好きなデザイン、穿き心地よさそうなパンツ、そしてほかの下着類も買った。

ふちが欠けた食器の代わりに、カフェでも使えそうな小じゃれた食器も買ってみた。ついでに、一度も使おうと思わなかったランチョンマットも購入してみた。

そこまで揃えると、お箸やナイフ、フォークなどのカトラリーも素敵なもので揃えたくなり、自分への投資だと思い切って購入した。最後に、お花屋さんでピンクのガーベラを一本だけ買って帰った。

しばらくなおざりにしていた部屋の掃除を念入りにし、一輪挿しにガーベラを挿し、ランチョンマットに真新しい食器と素敵なカトラリーをセットした。

なんだかちょっとしたお姫様気分だな♪　最初はめんどくさかったけど、やっただけのことはあった。達人が言う通り、自分を大事にすることは自己価値を上げた。

日々の生活の中で、今自分に何をすれば、自分を幸せにできるのか。忙しさに流されずに、しっかりと自分に聞こう。新しい生活スタイルが定着するまでは、揺り戻しもあるかもしれない。でも、自分を大事にすることを選び続けていこうと強く決意した。

そういえば、達人は自分の夢が既に実現した意識でいろと教えてくれていた。

もし、私がカフェの経営者になっていたら、擦り切れたパンツなんて絶対穿かないし、欠けたお茶碗なんて使わないだろう。バイトのときだけでなく、日常生活でも経営者の意識を持てというのは、そういう意味でもあったのだ。

バイトしているときは制服を支給されていたが、その服は週に1回業者に洗濯してもらうことになっていた。でも私はシミがついたら、うちに持ち帰り、自分で洗濯してアイロンをかけ、いつもパリッとした身だしなみを心がけた。

時間がないと思っていたけれど、真実は違っていた。**時間って、効率的に使おうと意識すれば、余裕は意外にも作れるものだった。**気づいたら、以前よりも1日にできることが格段に増えていた。

無我夢中で突き進むほど、ミラクルが起こる

そんなある日、店長からオーナーとの面談が決まったとの知らせを受けた。

店にはほかのお客さんやバイトの子たちもいてゆっくり話せないので、オーナーの自宅

に来るようにとのことだった。最寄り駅までオーナーが車で迎えに来てくれるそうだ。

その駅は、私がいつか行き当たりバッチリ散歩で降りた駅だった。以前歩いた道を辿ってみたい気持ちになりながら、駅のロータリーで店長から聞いたメタリックブルーのベンツを待っていた。すると目の前に赤い車が停まった。

「あらっ？　あなた、いつだったか私の家の前でお会いした方よね？」

あの豪邸に住んでいた品のよい女性だった。

「お久しぶりです。その節はありがとうございました。またお目にかかれてとてもうれしいです」

「あなたもこのあたりにお住まいなんですか？」

「いいえ、カフェでバイトしているんですが、今日はこれからオーナーの自宅で面談でして。迎えの車を待ってるところなんです」

「えっ？　まさか店長候補にしたい人って、あなたなの？　ごめんなさいね。ベンツが調子悪くて、買い物用の別な車で来ちゃったのよ。こんな奇遇なことってあるのね、ビックリ。どうぞお乗りになって」

私はあまりに唐突なことに開いた口がふさがらなかった。宇宙のアレンジ、スゴ過ぎだよ！

オーナーの家は想像通り、とても洗練されたインテリアでととのえられていた。高級そうなアンティークに、ほどよく使い込まれた革のソファーがいい艶を出している。本物のお金持ちの豊かさを感じさせた。出された紅茶はひときわ香り高いアールグレイで、ミルクを注ぐと、今まで飲んだどんな紅茶よりもおいしかった。

「とてもよくやってくださってるそうね。店長がいちいち言わなくても、いつも先回りしてよく動いてくれるって感心してたわ」

「とんでもないです。今さらこの歳でって思われるかもしれませんけど、ゆくゆくは自分でカフェをやりたいと思っているんです。だからお金をいただきながらありがたい経験をさせてもらってるって、いつも感謝しています」

「そんな夢をお持ちだったなんて。実は私もそうだったの。40代のときよ。主人は会社の経営をしてましたから生活するには不自由なくて……。家で普通に奥さんをやっていればよかったのよ。

でもね、突然虚しくなってしまって。ただ家の中にいるだけで一生終わるのは望んでいる生き方じゃないって思ってね。

今もそうだけど、人にお茶をお出しすることが楽しいの。だから、主人の知人やお友だちを招いてホームパーティをするのも大好きでね。そんなおもてなしができる空間を作りたいと思い立って、自分のカフェを持とうと決めたの。それでどんなものか知ろうと、カフェでパートをするところから始めたのよ。実際やってみなきゃわからないじゃない。あなたの話を聞いて、昔の自分を思い出したわ」

「私が同じ立場だったら、そこまでしなかったかもしれません。余裕のある生活なんて、一度でいいから体験してみたいですよ」

「案外楽しいものでもないのよ。だんだんと飽きてくるの。主人には『カフェでパートなんてバレたら、うちの会社が倒産でもするんじゃないかと心配される』と怒られたのよ。だから自宅から離れたお店でパートして。もともとお菓子作りや、いろいろなおいしい飲み物を作るのは得意だったけれど、問題はどうやって経営すればいいのかってこと。

それでね、何軒かのお店で働いて、自力でやれるだけの自信がついたときに、主人に切り出してみたの。お金を貸してくれって」

「えっ？　お金を出してもらうんじゃなくて、借りたんですか？」

「お金を出してもらったらただの道楽になる気がしたのよ。やるなら本気でやりたかったから。ちゃんと店の売り上げから主人に返済していったの。あなたがバイトしているあの店が1号店。最初は私も店に立って店を回してたのよ。今は都内の15店舗と軽井沢に1店舗。数年以内には那須高原にも出店したいと思ってるの。今は主人の最高年収も超えたわ。それでよさそうな人がいたら推薦してって各店舗の店長に言っていたのよ」

「私なんてお金はないし、必死で夜間の専門学校で勉強しているところです。まだまだ遠い夢ですけど、私は普通のカフェじゃなくて、複合カフェを経営できたらって思ってるんですよ。

お一人様専用のゆっくりできる個室があったり、イベントやセミナーのできるスペース、雑貨や焼き立てのおいしいパンの販売スペースも欲しいです。オーナーのご自宅のような広い庭ではペットと一緒に過ごせて……。いろんな人がいろんな形でその人に合ったくつろぎの時間を過ごせる。そういうカフェを作れたらなあって思ってるんです」

「素敵じゃない。話を聞いているうちにそのイメージが頭に浮かんだわ。そういうカフェはリゾート地にあってもいいかもしれないわね。

あなた、店長候補として働いてちょうだい。店舗企画会議にも参加してアイディアをぜひ出してちょうだいよ」

「本当ですか！　願ってもないことです。張り切って働きます」

「バイトじゃなくなるから、お店にいる時間も長くなるわよ。専門学校に通えるようにはするけどしっかり働いてね。

それにしても、あなたのその複合カフェ、特にお一人様スペースがユニークね。那須高原の新店舗をその複合カフェにしてもいいかも。憩いの空間にするなら、洋風建築よりも意外に和モダンかな。やったことのないテイストだから、どこに設計を頼むか……」

「自然木の柱や床に、漆喰や土壁、それに太い梁が見えたりして、それでいてインテリアには、古民家とは違う洗練された新しさもある、そんな感じですか？」

「そう、そういう感じ。実はね、この近所にそんなお仕事をしていただけそうな建築会社があるのよ。あなた、このあたりを散歩してたじゃない？　このずっと奥に立派な和風建築の建物があったでしょ？　あそこよ」

「も、もしかして、金毘羅組ですか？　あそこはいわゆる反社会勢力と言いますか……」

「本当に面白い方ね。あそこはヤクザなんかじゃないわよ。建築会社には、大林組とか銭高組とか、今でも社名に「組」という字を使っている会社があるでしょ。それと同じよ。

檜建築の個人住宅から始まって、今では大型施設の面白い和風建築も手掛けていて、建築の賞も取る注目の企業なのよ。会長さんは中卒で宮大工に弟子入りして、たたき上げでここまで会社を成長させてきたの」

「私はてっきりアッチ系だと……。実は私、あそこの会長さんともお茶飲み友だちでして。ず〜〜っと勘違いしてて、とんちんかんなアドバイスをしてました」

「もう、あなた最高ね。その面白過ぎるところも、ますます気に入ったわ。あの方ともお知り合いだなんて、タダ者じゃないわね」

「あの人、私のことを姐さんって呼んでるんです。そんな呼び方されたらアッチ系だと思いませんか。こっちもその気になって、義姉弟だとか言っちゃってたし」

「まあ、あの方も若い頃は相当やんちゃして、確かに危ない世界に足を突っ込みそうになったこともあるらしいから。でも、とても一本気で礼儀正しいいい方よ」

「真っ直ぐないい方だとは私も思ってましたけど、社員の方の口調も、『おくんなせえ』とかで。とにかくヤクザじゃなくてホッとしました。今度会長さんとお会いしたときに、設計の話も聞いてみます。私はこちらのカフェで精いっぱい働かせていただきますので、今後ともよろしくお願いいたします」

「ええ、期待の大型面白新人が加入して、ますます楽しくなりそうだわ。こちらこそよろしくお願いしますね」

　魂の聖なる衝動に四の五の言わずに従うこと。魂の歓びを第一にすること。そしてすでに自分の夢が実現した意識でいること。

　達人が教えてくれたこの3つことを大切にしていたら、時給1200円のバイトが、年俸400万円まで上がった。未経験からここまで来られただけでもすごいことだと思う。自分でもよくやったと思う。でも私はまだまだ成長し続ける。オーナーだって素人から始めてあそこまで行ったんだ。私も仕事を楽しみながら、日々学んでいこう。

ここまででわかった

宇宙の大事なこと

1

夢を叶えたつもりで働くと、
その通りに物事が動いていく

2

服、部屋の掃除、食器…
自分を大切にしないと豊かになれない

3

達人は見たくない情報まで
宇宙から受け取ってしまう

その先は、まだ秘密…

第6章

人間関係は
自分自身との
関係で決まるんじゃ

自分を変えようとしたって、変えられんじゃろうが

私はついに失業保険の給付停止を申請した。それはもちろん、正社員として働くことになったからだ。もうバイトじゃない。勤務時間も長くなるし、任されることも多くなる。でもその分、張り合いが大きい。カフェ経営の現場をもっと知ることができる。私もオーナーのような洗練された女性になりたい。これからは立ち居振る舞いにも気を配ろう。

店長候補へのステップとして、私はバイトを取りまとめるリーダーを任された。彼らの多くは、自分の時間を使ってお小遣いを稼ぎに来ている。モチベーションの差は大きいし、それぞれに個性が違う。そんなバイトたちを取りまとめるのはなかなかむずかしい。バイトへの注意を言い淀んでいるうちについつい自分でやってしまう。

そんな私を見た店長に、

「なんでも自分でするんじゃなくて、メンバーを動かようにするんだよ」

と言われた。だけど、どういう言い方ならイヤな感じにならずに相手へ伝わるのかわからなかった。バイトたちも、そんな私に頼りきりで、ますます動かなくなった。

そんなある日、店に立っていたら、急に目の前が真っ暗になり、周囲の音が遠のいた。

気づいたら、私は病院のベッドに寝かされて点滴を打たれていた。

「気がつきましたか？　ひどくお疲れだったんでしょう、貧血で倒れたんですよ」

何が起こったのかわかっていない私に、超イケメンの医師がやさしく声をかけてきた。

そのときほどパンツを新調しておいてよかったと思ったことはなかった。私は心の中でガッツポーズをした。

「ご飯とか、ちゃんと食べてます？　もともとがっつりした男らしい料理がお好きな感じにお見受けしますが、最近は店の奥で立ったまま賄いを口に放り込むだけで終わっているんじゃないですか？　あなたらしくないなあ。食事や休養も大事ですよ」

コイツ、なんだよ、言葉に思いやりと見せかけたトゲを感じるんだけど。それに見てきたかのように妙に詳しいじゃないか。さては……!?

「達人だろ！　さっさと姿を現せ！」

「あんたらしくもない。バイトに嫌われんようにやさしいフリして、長時間立ちっぱなしで無理して何でも自分でやろうとするから、こういうことになるんじゃ。

それにワシがちょっと言うただけですぐに化けの皮がはがれる。そんな薄っぺらいメッキなんて最初から塗らず、自分らしくしとったらええんじゃ」

「失礼です！　今月から正社員になったし、今までのガサツさを卒業して、オーナーのような洗練された女性に変身しようと頑張ってるのに、あんまりですよ！」

「何を言うとんじゃ。あの人は無理に自分を飾ったりしとらんだろう。あれがあの人の地じゃ。あんたはあんたで別の個性じゃ。そもそも変わろうとしたって変われんじゃろう。

無理に別な人間を装うたら、かえって気持ち悪いし、周りも引くっちゅうもんじゃ。

ええか、**人間の魅力ちゅうんはな、その人が、ありのままの自分を受け入れれば受け入れるほど出るんじゃ。**違う人間になんて、なろうとするな」

誰よりも先に自分の素晴らしさを知るべし

「そういえば、三大基本原則の2つ目って、『どんな自分のことも褒めて、許して、認める』でした。また忘れてた。私ってば単純でお調子者で、おっちょこちょいで……」

「食いしん坊で、時として極妻顔負けの啖呵を切り、イケメンに弱く、頑張り屋で、これって思ったらとことんやる集中力も行動力もあり度胸もある。なかなか魅力的じゃな」

「えっ……？　達人は私のことをそんな風に思って？」

「まだまだあるぞ。あんた自身がそのことに気づかんでどうする？　誰よりも自分が自分の素晴らしさに気づいてやるんじゃ。

明日は休みじゃろう？　**自分の欠点だと思っていることを10個書き出してみい。実はそれこそがあんたの魅力なんじゃ。**これまでは欠点は直したり隠したりしなきゃいかんことだと、思うてきたかもしれん。

ところが長所だと思うとるところより、自分では欠点や思うとるところにこそ、その人の本物の魅力というものがあるんじゃ。それに気づいた人は、人からも愛されるようになる。さらに、社会的にも成功しやすくなっていくんじゃ」

「10個も欠点を書いた時点で落ち込みそうですよ」

「そんなら、欠点ひとつ書くたびに、こう言うんじゃ。

『今まで嫌ってきてごめんね。たくさんつらい思いをさせたよね。これからは一緒に生きていこう』って。

あんたも子どもの頃に仲間外れにされたことがあるじゃろう。そのときどんな気分じゃった？」

「さびしくて、悲しくて、つらかったです……」

「それと同じことを、自分で自分にしとったっちゅうことじゃ。自分で自分の中のある部分を、『お前なんかあっちに行け！　お前なんて出てくるな！』って仲間外れにしとったんじゃ。それは自分を切り刻むんと同じくらいの痛みじゃ」

「そう言われると、自分にかわいそうなことしてきた気がします。私は自分の中にたくさん嫌いな部分があって、だからダメなんだって、ずっと責めてきました。そのせいでいつも心が重かったんですね」

「自分で欠点に見えるところも、違った側面から見れば魅力になる。人間はそういうふうにできとる。たとえば吉本ブサイク芸人ランキングでぶっちぎりの1位になっとるアインシュタインの稲ちゃん。稲ちゃんはブサイクであることを最大の武器に売れまくっとる。稲ちゃんがブサイクボケをかましたら、無敵のバカ受けじゃ。誰も太刀打ちできん。自分はブサイクじゃ言うて嘆いとる場合ちゃうで」

「ええ？　ここまで頑張ってきたのに、今さらお笑いに転向できませんよ」

「そんなこと言うとらん！　あんたの天然ボケもなかなか素人とは思えんけど…とにかく最大の欠点にこそ、ほかの人にはない魅力があるってことじゃ。あさっての夜にあんたの家にまた登場するから、それまでに10個欠点を挙げとくんじゃ。ええな⁉」

今日まで一生懸命生きてきたのがすごいんじゃ

病院から帰宅した私は、どっと疲れが出てきたので、お風呂に入った。湯船につかりながら、最近ずっと働き通しだったことにようやく気づいた。

自分の欠点って何だろう。疲れのせいか何も浮かんでこない。

代わりに、走馬灯のようにこれまでの人生が思い出された。幼稚園の運動会で、一人だけ反対向きに走ってみんなに笑われて泣いたこと。小学校では、勉強も運動もイマイチだったけど、給食を食べるのがずば抜けて速くて、先生に褒められたこと。そのせいで男子に「給食大魔人」といううれしくないあだ名をつけられたこと。

　中学校では、ひらひらのスコートにあこがれてテニス部に入部。万年補欠だったけど応援なら誰にも負けなかった。高校では毎日友だちと遊びまくって、全然勉強しなかった。人生で一番楽しかった。もうみんな結婚して、もはや孫のいる友だちもいるっていうのに……。進学した短大の文学部では、文学の才能はまったく開花せず、学問は私にとって、ほぼ豚に真珠であると悟った。

　会社員になってからは、ず〜〜っと事務一筋。ず〜〜〜〜っとにもほどがある。異動願いを出してでも、もうちょっと違う仕事をやればよかった。やっと社内に気の合う男性を見つけて猛然とアタックしたけど、結局別の人と結婚しちゃったしなあ。

　そこから40半ばでカフェスタッフかあ。……深いため息が出た、そのときだった。

「おい！　なんじゃ今のため息は⁉」

「だからあ、入浴中に出るなって言ってんだろう！　こののぞき魔達人！」

「ワシはな、たとえあんたが風呂に入っとろうが何しとろうが、タイミングを逃さん。ここぞというときには、瞬時に現れる！　大丈夫じゃ！　今日も決して欲情することはない！ええか！　あんたは今日まで一生懸命生きてきたじゃろう。違うか？　男子に『給食大魔人』って言われてバカにされても、堂々と誰よりも速く給食を食べ続けた。最後には給食委員会から謎の表彰をされたじゃろう」

「そんなこと、かえって恥ずかしかったですよ」

「勉強も運動もイマイチだったか知らんが、1回くらい運動会で1等取りたいと、自主トレしとったこともあったじゃろう。それで初めて3等に入った。よう頑張った。

中学のテニスの試合でも、応援でヤジってしまって退場させられそうになったけど、それでも応援し続けとったじゃろう。すごい根性じゃ。

あんたはなあ一生懸命生きてきた。

そのことを少しは認めんかい！

人生は、何か目に見える結果が出たかどうかが大事なわけじゃない。どんな瞬間もその人なりに一生懸命生きている。そのことが最高に素晴らしいことなんじゃ」

私は達人にそう言われて、なぜか涙があふれてきた。

確かに下手くそな生き方だったかもしれないけど、私も私なりに一生懸命生きてきた。

「三大基本原則の、『どんな自分のこと褒めて、許して、認める』っちゅうんは、そういうことでもあるんじゃ。一生懸命生きてきた自分に誇りを持て！　あんたはすぐにこの大事なことを忘れる。そのことを理解させねばと思って登場したんじゃ」

達人は消えてしまったが、私はワンワン声をあげて泣いた。

そうだ。私は必死に生きてきた。達人の言う通り、ついつい自分を否定し、自分の人生を否定してしまう。**何度でも自分を幸せにする方向に意識を向け直すんだ。**こうして達人が出てきてくれているうちに、しっかりその習慣を身につけるんだ。

欠点をなくすのはもったいない

風呂から上がってしばらくぼんやりしていた。

私の欠点だと思っていることって何だろう？　勉強が苦手なことかなあ。

でも、専門学校での勉強はまったく苦にならないのだ。短大の講義は退屈でしょうがなかったのに、自分の好きなことならいくらでも学べる。

ただ単に、興味のないことを無理にやらなかったってだけのことかも。

今までは、興味がなくてもやらなければいけないと自分を責め続けていた。だからしんどかった。そうだよ！　興味のあることにはまい進し、興味のないことはやらなくたっていいんだ。

あとは、ときどき啖呵を切っちゃうとこかな……。

会長は私の啖呵を気持ちいいって言ってくれた。私の場合は、水蒸気爆発みたいなもんで、ネチネチと引きずらない。理不尽なことがあったときは、ひるまず一発かませるっていうところは、男前でいいじゃん。

ほかには全体的にバカなところかな。自分で言うのもなんだけど。あんまりちゃんと考えないんだよね。でも考えないってことは、宇宙とつながりやすいってことなんじゃ？　達人だって考え過ぎると、宇宙から様々な豊かさが流れ込みにくくなるって言ってたじゃない。それに不安にもなって行動できなくなる。もしや私の最大の強みってこれなの？

私が全体的にバカなのって、最大の欠点だと思っていたけど、そうじゃなかったんだ。これこそ、宇宙とつながりやすいという素晴らしい強みだったのかあ。

そんな風に思ったことなんてなかったなあ。どっちかっていうと、このバカさ加減を克服しようと今までずいぶん頑張ってきた。

前の会社にいるときも、どう考えても向いていない秘書になろうと、秘書検定を受けようとしたり、英語ができたらいいのかもと英語の通信講座を始めたり……。でも興味のないことなんてそもそもできない体質の人間だから、続かないし身にもつかなかった。

途中で挫折してしまうのが情けなくて、ずいぶん自分を責めて、自分が嫌いになってたよな。つまり、自分の強みを生かすどころか、殺すようなことをしていたんだ。

「自分が嫌い」は問題じゃない

ただ、それが宇宙とつながるという意味では強みでも、正直言って何をやってもパッとしないのが問題だ。それがどういう強みになるのかさっぱりわからなかった。

そういう自分が情けないよ。どんな自分でも愛することが三大基本原則のひとつだけど、どうしても、ここだけは認められない。

確かに、私はこれまで私なりに一生懸命生きてきたとは思う。そこは認めてる。

でもさ、給食を誰よりも速く食べるくらいしか抜きん出てるところがないなんてさ、いくら何でもしょうもなさすぎでしょ。

性格的な取り柄も大事だけど、能力的な取り柄も欲しいよ。

だけどこればっかりは、過去にさかのぼってやり直すわけもいかないし……。いったいどうしたらいいんだろう？

とたんに、欠点を強みに変える作業が進まなくなってしまった。

それどころか、見ないようにしていた欠点を突き付けられた気持ちになり、落ち込んでしまった。こんな私が、複合カフェなんて経営できるわけがない。一生懸命やったところで、今勤めているカフェの店長が関の山……。ヘンな諦めモードになってきた。

「おいおいおいおい、お〜〜〜い！　なんで自分には大した力なんてないって方向に意識を向けとるんじゃ？　今までのことはもう終わったことじゃ。そんな過去のことを基準に自分の力を侮るんじゃない！」

「達人、グッドタイミングですね。今まさに、壁にぶつかっていて。すご〜〜〜く自分のことがイヤでたまらなくなって。自分なんて大したことないくせに、なんであんな大きな夢を見て、必死で追いかけているんだろうって虚しい気持ちになっていました」

「いいこと教えたろう。三大基本原則の中に、『どんな自分のことも褒めて、許して、認める』っていうのがあったじゃろう。あれはものすごく深いんじゃ。**『どんな自分でも』の中には、『自分のどこかをどうしても好きになれない自分』も入っとるんじゃ。**

　今のあんたは、過去に大した実績のない自分を何とかして受け入れたいけれど、それができなくて苦しどるんじゃないか？」

「何をやってもパッとしない自分がイヤでたまらないんです。許せないんですよ」

「パッとしなかった自分を受け入れられなくてもいいんじゃよ」

「えっ？　だって自分の欠点が、どういう強みになるか気づくのが課題なんじゃないですか？　それをやろうとしてもどうしてもできない。どんどん自分が情けなくなってきて落ち込んでいくんですよ」

「ええんじゃ。自分の中に受け入れられない部分があっても。

　さっきも言ったように、**『どんな自分でも受け入れる』とは、『何をやってもパッとしなかった自分のことを、嫌いだって思ってる自分』を、『今はそう思ってるんだね』って、そのまま受け入れればええちゅうこっちゃ**」

「そんな風に思ってもいいんですか？」

「そうじゃ。どんな人でも、自分のこういう部分は好きじゃないって部分があるもんじゃ。あってもええの。それで普通。今は好きになれんっちゅうのが、正直な気持ちなんじゃろう？　それならそれがあんたの現在地じゃ。ただそれだけのことなんじゃよ」

「ただそれだけのこと……。ただそれだけのことかあ。ここは嫌いだなって思っても、そう思ってる自分を受け入れればいいのか」

「そうじゃ。そう思ってもいいんだって思ったら、どういう気分じゃ？」

「なんか、拍子抜けしたっていうか、キョトンって感じです」

ミラクルは「自分嫌い」を認めた時に起こる！

「さっきみたいに落ち込んどるか？」

「そのう、落ち込んでないです。正気に戻ったっていうか……。過去がどうあれ、これから自分にできることをやっていくだけでいいじゃないかっていう気になっています」

「そうじゃ。過去がどうであろうと、今は今じゃ。今のあんたはカフェに夢中じゃ。今までだったらできないと思っていたことも、できるようになっとるじゃろう？

勉強なんて苦手だって思っとったのに、今はどうじゃ。専門学校での勉強が楽しくてしょうがなくて、知識がどんどん入ってくる。スイーツも飲み物も、教えてもらったレシピからさらにアレンジした、オリジナルメニューまで作れるようになってきた。

カフェでの仕事ぶりだって立派なもんじゃ。もう過去のあんたじゃないんじゃ」

「過去の情けないところにばかり意識が向いて、どうせカフェの夢だって実現できるわけがないって勝手に思い込んでいました」

「実はな、自分の中でどうしても受け入れられないとか、どうしても嫌いだと思う部分。そこには大きな可能性が隠れているんじゃ。**なぜそこまで毛嫌いするかというと、潜在的に、自分にはもっと力があるってわかっとるからじゃ。その力を発揮しきれていない自分がもどかしくてたまらないから嫌いになるんじゃよ。**

そういうときは、いったん、『こういうところがどうしようもなく嫌いだって、今は思ってるんだな』って受け入れればええ。だって、そう思っとるもんは思っとるんじゃから、しょうがなかろう。

けど、嫌ってる自分を受け入れてしまうと、自分の中心に戻る。さっきあんたが言うとったみたいに正気に戻るわけじゃな。嫌いな部分を受け入れもしない、けど、排除もしない、ちょうどニュートラルなポジションに移るわけじゃ。すると心の軸が真っ直ぐなところに戻るので、今何ができるのかに気づけるようになるんじゃ」

「ミラクルが起こった気分です。あんなにさっきまで落ち込んでいたのに。私にはまだまだできることがある。これからは新しい人生を生きればいいんだって」

過去はどうあれ、「今」決めれば「今」変わる！

「もうひとつ大事なことを言うておこう。人は過去に何があろうと、今どう生きるか決めれば、今変わるんじゃ。

　意識を向けた方向に現実化していくという話、覚えとるか？　つまり、過去には何をしてもパッとしなくて目立った実績がなかったとしても、自分を信じ、この世界に素晴らしい憩いの空間である複合カフェをオープンさせるという方向に意識を向け続ければ、そっちに現実が変わっていくわけじゃな。

つまり、**大事なことは意識の向きであって、過去の出来事じゃないんじゃ。**今のあんたは常に新しいあんたじゃ。その証拠に、あんたが三大基本原則と意識の向きに気をつけるようになってから、数々の信じられないようなミラクルが起こっとるじゃろう。あんたが意識を向けるべきことは、過去のあんたじゃない。

今、生き生きとやりたいことにまい進している自分自身の素晴らしさじゃ」

「本当にそうですね！　達人、私ね、自分の欠点を全体的にバカなところだと思っていたんですけど、今その欠点に、もうひとつ強みがあることに気づきました。あまり深く考えないから、達人の話を聞いてなるほどって思うと、とても素直に行動に移そうと思える。そういうシンプルなところも私の強みなんだなって」

「それは類《たぐい》まれなる強みじゃ。誇りに思ったらええ。せっかくいい話をしても、すぐに疑ってかかり、『どうせ私なんて』とスネ始めると無駄に時間がかかる。あんたはそんなめんどくさい性格じゃなくてよかったんじゃ。お調子もんじゃけど、素直なところが最高の強みなんじゃよ」

「デヘヘ〜〜〜〜。やっぱり〜〜〜〜♪　そうだと思った」

「今のあんたはありのままの自分を、さらに受け入れられるようになってきた。バイトのメンバーに対しても、飾らず、そのままのあんたでいけばいいんじゃ。時として啖呵を切れる男前のあんたじゃ、手が回らんかったら、『こことここやっといてね』と指示を出すくらいお茶の子さいさいじゃろう。それに竹を割ったような正直な性格じゃ。バイトを褒めるのも叱るも、サクッと切れ味よくできるはずじゃ」

「なんでオーナーみたいな女性を目指してたんだろう？　私は私の持ち味があるのに。オーナーを見習うべきところは見習って、でも私は私の個性を生かして、明日からのびのびやってみます」

「その調子じゃ。それじゃっ」

自分を受け入れれば、人に受け入れられる

翌日、張り切って店に出た。最近は仕入れや開店準備、時には飲み物やスイーツ作り、そして収支計算もやるようになってきた。ますますカフェ経営がもはや夢物語ではなく、現実的なものに思えるようになってきた。

バイトへの接し方も変わった。自分の個性を認識したことで、ありのままの自分をさらけ出して接することができるようになった。その結果、「天然ですね」って言われることも多くなったが、かえって親しみを持ってもらえるようになってきた。

お陰様で気楽に指示出しできるようになってきたが、相変わらずおっちょこちょいで、ミスもする。そんな自分をバイトの子がカバーしてくれると、めちゃくちゃありがたい。自分で頑張らなくても人に助けてもらえばいいんだと思ったら、とても気が楽になった。私が無駄な力を抜いて、ありのままでいることで、バイトものびのびとよく動いてくれるようになってきた。仕事終わりに、バイトを誘って食事に行ったり、カラオケに行ったりもするようになった。

前の職場ではそんなことはなかったな。やっぱり自分の好きなことをすれば、仲間にも恵まれるんだ。そのことを日々実感していた。

達人はあまり姿を見せなくなってきた。

今やっていることがきっと夢につながっていくと信頼しているし、そのときの私には理解できないことが起こったとしても、それが宇宙から見れば最善のことなのだと、今は受け入れられる。

それは、達人と出会ってからここまで体験してきた数々の想像を超えるミラクルが十分な説得材料になった。

ただ、そろそろ素敵な彼と出会ってもいいような気がするんだよね。

パートナーがいない限り幸せになれない、という方向に意識を向けてしまうと、ますますパートナーが遠のくというのも理解できる。仕事が楽しいので、以前よりもそう思わなくなったのも事実だ。でも軽やかになってきたからこそ、出会ってもいい頃では？

ここまでの出会いといえば、あの会長くらい。会長はとてもいい人だけど、どうしても恋愛対象にはならない。たとえ注目の建築会社の経営者だったとしても……。

ああ、いったいどうして、出会い関係にはミラクルって起こらないの？

こんなに人生が調子よく行ってるのに。それだけがどうしても気がかりだった。

本当はパートナーが欲しいわけじゃない？

私は店に立っていると、ふと妄想する。

ふとドアを開けて入って来た人が、超絶私好みのイケメンで、私がオーダーを取りにいくと、自然に会話が始まっていい感じになる。男性は常連になり、私たちの距離はますます近づいていく。ある日、「実は、お話ししたいことがあって。ここじゃ何なので、お店が終わってから会えませんか？」と言われちゃったりして。もちろん交際を申し込まれるのだ。

そんでもって、男性は資産家の御曹司で、私の夢を聞いたら、出資を申し出てくれる。彼が社長で、私が実質的な運営責任者。二人でいつまでも楽しくお店をやっていきましたとさ。めでたしめでたし♪

「あのう、リーダー、口からよだれが出てます。おなかが空いたんなら、中でチーズトーストでも食べてくださいよ。私たちでやっときますから」

マズい！　妄想に浸り過ぎてよだれが出ていたようだ。気を引き締めなければ。それにしてもバイトが育ってきてうれしい限りだ。

よだれを出すほど意識を向けているにもかかわらず、なぜ現実化しないのだろう？　宇宙よ、いったいどうなってるんだ？　しっかりしてくれよ、まったく。

すると次の瞬間、まさに妄想そのままに超絶イケメンが来店した。私は誰よりも素早く彼を接客し、これ以上ないほど最高の笑顔をつくって店で一番眺めのいい席に案内した。

　そしてお水とおしぼりをできる限り優雅にお出しし、彼がメニューを決めたという空気を察した瞬間に、さりげなく席に近づいた。

「お決まりですか？」

「ダージリンティーとエビフライサンドをお願いします」

　うちのエビフライサンドは雑誌にも取り上げられた自慢のメニュー。それにあまり癖の強くないダージリンを合わせるなんて、この人、わかってる。

「すごくくつろげる、素敵なお店ですね」

「ありがとうございます。どうぞごゆっくり」

　私は彼の向かいに座って花咲かじいさん顔負けなほど会話に花を咲かせたい気持ちを抑え、テーブルから離れた。出来立てのエビフライサンドとベストタイミングで淹れたダージリンティーをできる限り感じよく、相手が取りやすく、こぼしたりしない位置に出した。我ながらプロの気遣いだ。私は、彼が食事をしている間、いつも以上にテキパキと、けれどもお客さんたちのくつろぎを妨げないように後片付けをしたりしていた。

　彼がお家計に来たときだった。

「あなたの接客、今まで会った人の中で一番でした。実は私、接客の講師をやっているんです。よろしければ、どんなことを心がけているか、お話を伺うことはできませんか？お時間をいただけるなら、閉店後に30分くらいで結構ですので」

宇宙、やるじゃないか！　こんなチャンスを放り込んでくるとは！「今すぐ店を閉めてなんぼでも話したる」とばかりにはち切れそうな欲望を抑え、間をおいて答えた。

「閉店後の片付けを済ませた20時ごろなら」と約束をした。

彼は「何かありましたら」とメールアドレスと携帯番号が書かれた名刺を差し出した。

幸先よすぎだな。達人のアドバイス通り、ヨレヨレの服を捨てて、パリッとした服装を心がけておいてよかった。パンツだってブラだってバッチリ！

私は半分夢心地のまま閉店まで仕事をした。バイトの子たちに手伝ってもらって、いつもより早く片付けを終えると、いそいそと待ち合わせ場所に向かった。

待ち合わせのカフェに入ると、彼は奥の席で待っていた。

「お忙しいところすみません。ごちそうさせていただきますので、お好きなものをどうぞ。僕はこの店自慢のスペシャルパンケーキとカプチーノにしようと思ってるんです」

「甘いものもお好きなんですね。それじゃ、私も同じもので」

めちゃめちゃ感じよく、これ以上ないほどのいい感じの笑顔で言った。

しばらくしてパンケーキが出されると、彼はおもむろに話し始めた。

「唐突に失礼ですが、ご結婚はしていらっしゃいますか？」

いきなり来たよ！　接客の話っていうのは口実か？

「残念ながら、今までご縁がありませんで。独身なんですよ」

「あなたのような女性がもったいない。世の男連中とは違って、僕にはあなたのよさがよくわかります。控えめでさりげないやさしさがあって、一緒にいる人が心地よくなるような気づかいもある。時として毅然と啖呵を切れる。そういう男気っていうのかなあ。実に素晴らしいですよね」

んん？　一瞬聞き覚えのある上げて下げる言い回しに、ピンときた！

「あんたなあ、何カッコつけとんの？　言うたじゃろう、あんたにはあんたの個性があるから魅力的なんじゃって。それなのにイケメンを前にしたら別人を装い始めた。そんなことしとったら、万が一うまくいったところで、苦しくなるだけ！　懲りんやっちゃ」

ああ、またしても超絶イケメンは幻だったのだ。化けていた達人に、私はもはや抗議する気にもならなかった。

「すいませんね。でもこれが乙女心ってものなんじゃないですか？」

「まあな、中学生くらいの乙女やったら、かわいいで済まされるかも知れんけど、あんたもうアラフィフや。とてもじゃないけど乙女じゃないっちゅうの。

それに店での妄想、あれはなんじゃ？　あんたにとってパートナーってなんなんじゃ？　あんたを気分よくさせる道具か？　見た目がよくて、金持ちで、やさしければええんか？

自分の見栄や承認欲求を満足させるための道具としてしか相手を見とらんじゃろう？」

「道具だなんて。そんなふうには思っていませんよ」

「あんたの思い描いとるパートナーは道具レベルじゃ。つまり、あんたが本当に欲しがっとるのはパートナーじゃない。自分も人並みだと思える安心感と承認欲求の満足じゃ」

トレーニングパートナーと魂のパートナーは違うぞ！

「お互い、自分で手に入れられないものを相手に満たしてもらおうとして結婚するということもある。

たとえば、養ってもらいたかったり、親がうるさかったり、年齢的に世間体を気にしたり、人からうらやましがられたかったり。あるいは、本当は自分が自分を愛せばいいだけなのに、人に愛してもらうことで自分のさびしさを埋めようとして結婚する人もおる。

それが悪いと言っとるんじゃない。**もしも、自分を満たす手段として結婚した場合、相手はつらいトレーニングパートナーになってしまうんじゃ。**

たいてい相手は自分の望んだ通りにはならない。むしろのその逆。

なぜなら、他者は自分の鏡であるから、相手も自分を一人の人間として扱うのではなく、道具とみなして要求を突きつけることになるからじゃ。

互いの要求がぶつかり合ったとき、自分が相手を愛しているのではなく、自分にとって都合のいい人を求めていたに過ぎなかったっちゅうことに気づけば、関係は変わる。けど、多くの人はそのことに気づかず離婚して、また同じようなトレーニングパートナーと結びつき、気づくまで延々とハードトレーニングをすることになる。あんたはそういう結婚を望んどるんか？　あんたはなんのために結婚したいんじゃ？」

すぐには答えられなかった。そのくらい結婚について考えたこともなかった。

「やっぱりさびしかったんだと思います。それが一番大きいかな。なんか人生パッとしてなかったし、結婚すれば幸せになれるんじゃないかって期待がありました。

　でも、それだけじゃないですね。結婚していないとカッコつかないっていうか、世間に顔向けできないというか、世間体にもとらわれていました。だから選ぶ相手にも、見てくれのよさを求めていたんでしょうね」

「あんたは三大基本原則や意識の向け方にもだいぶ慣れてきた。自分のことも以前よりずっと受け入れられているし、カフェでも楽しくやれている。毎日楽しくて充実しとる。結婚して誰かに満たしてもらわないといけないほど、虚しい日々を送っとるか？」

「確かに会社員時代とは打って変わって、毎日を別人のように楽しく生きています」

「そこなんじゃよ。今の自分をありったけ愛し、本当にやりたいことをやって日々充実している。今でも十分幸せ。日々こうして生きられることに、心から感謝できる。そういう状態なら、あんたに必要なご縁はちゃんと巡ってくる。

　オーナーだって、会長さんだって、店長さんだって、バイトの子らだって、みんないい人じゃろう。すでにあんたは人のご縁に恵まれとる。それはあんたが自分自身を愛せるようになってきた証でもある」

「ええ、本当にみんなにはいつも助けてもらってますし、ありがたいと思っています」

「トレーニングパートナーではなしに、魂の響き合うパートナーというものもいる。自分の満たされていない穴を埋めてもらうために結びつく相手ではない。純粋に、相手を愛し、尊敬し、互いに高め合っていけるパートナーじゃ」

「うわあ、絶対そっちがいいです。どうすればそういう人と巡り会えるんだろう？」

「それはじゃ、幸せでいることじゃ」

「えっ？　どういう意味ですか？」

「言った通り、今の自分をありったけ愛し、本当にやりたいことをやって日々充実していて、こうしていられることに心から感謝できる。そういう状態でいること。そのくらい自分を愛し、自分を大切にできたら、あんたを心から愛し、大切にしてくれる人が現れる。

それに、**自分自身ですでに自分を満たしているわけじゃ。だから、相手に自分を満たしてもらおうとして惹かれるんではなく、純粋に魂が響き合うから惹かれるということになるんじゃ**」

ご縁も宇宙におまかせじゃ！

「けど、そういう人は、これまでのあんたの好みとは全然違う人である可能性もある。見た目も職業も収入も、理想とは違うっちゅうこともたくさんある。宇宙はどういう人があんたにとってベストパートナーなんか、誰よりもよくわかっとる。

今生であんたにパートナーというものが本当に必要なものであるなら、あんた自身が自分はそれを受け取るに値すると認めているなら、宇宙はあんたに最適な人と必ず出会わせる。オーナーだって、会長さんだって、そうして出会った」

「そうだ！　達人、会長はヤクザじゃなかったんですよ。総合建築会社の会長だったのに、なんで教えてくれなかったんですか？」

「決まっとるじゃろう。肩書や収入にとらわれず、一人の人として相手と付き合う練習をするためじゃ。あんたにはそういう経験が必要だったんじゃ」

「確かに、相手が何だろうと、一人の人として付き合う体験はできました。

最近は、それこそ相手に求める収入や職業、年齢などを入力すれば、それに合った人を自動的に紹介してくれる結婚紹介ネットみたいなものもあります。……だけど、宇宙はそんなものも超えちゃっているんですね。」

「本人よりもよくわかっとる。出会い系サイトなんて話にならんほど、地上のすべての男性のデータを持っとる。だいたいなあ、見た目なんちゅうもんはな、3日もすれば見慣れて、新鮮味もなくなる。中身のよさは、付き合っていくほど、身に染みてわかるようになる。この人と一緒になってよかったって、ますます実感できる。

それでも価値観や生活習慣の違いもあるから、ケンカも起こる。結婚するっちゅうことは、そんなに幸せいっぱいなことばかりじゃない。

それでも魂が響き合う人となら、それも乗り越えて、さら深く理解し合い、助け合って生きていける。

結婚は、ゴールインじゃないんじゃ。スタートじゃ。まだ結婚しとらんから、そこに大きな期待をしてしまう。でもただの夢物語では済まないものなんじゃ」

「達人……もしかして、結婚でご苦労されたんですか？」

「結婚」はいずれこの世界から消える？

「ワシは結婚などしとらん。もうその段階は卒業したんじゃ。人間はすべてがひとつであり、それがいかに素晴らしいことか思い出すゲームをするために、この地球で人間というものを体験しとる。

けど、すべてがひとつじゃということに目覚めれば、自分の中に男性性も女性性も両方あって、それが統合されるようになる。

つまりい一人の人間の中に、ある種の結婚のようなものが成立するんじゃな。

ずいぶん先の話にはなるが、人類の魂がさらに進化し、覚醒していけば、今のような結婚という形態は不要になる。子どもも誰かの子どもというよりも、みんなの子どもとして大切に育てられるようになるじゃろう。

ワシはそっちの世界から来たんじゃ。今は便宜上、ワンカップ片手に自販機で暖を取る酔っ払いっちゅう、世を忍ぶ仮の姿で登場しとるけどな」

「えっ、じゃあ、あれ？　達人って、宇宙人なんですか？　よく都市伝説とかで取り上げられている、地球人を指導しているとかいう⁉」

「まあ、あんたとももうすぐお別れじゃ。基本はほぼすべて教えた。あとは補足をいくつか教えたら、ワシはワシの世界に戻る」

「ちょ、ちょっと待ってくださいよ、いったい何者なんですか？」

「まあ、それもおいおいな。それよりワシの教えをしっかり自分のモノにしておくこと。ワシが元の世界に戻ったら、二度とあんたの前には現れん。だから今しかないんじゃ」

私はその途端に、涙があふれてきた。こののぞき魔達人め！　大嫌いだったらよかったのに、私はもう家族以上の家族のように思っていた。

そしてこれまでの人生ではありえなかったこの展開は、達人に教えてもらわなかったら決して起こらなかったことに、どんなに恩返しをしても足りないほど感謝していた。

「ええか、まだまだ宇宙には無限に叡智がある。離れる前に、まとめて教えるから、忘れんようにしっかりノートにメモせえ」

私は涙でぐちゃぐちゃになりながら、ノートとボールペンを取り出して、達人の教えを待った。

ここまででわかった

宇宙の大事なこと

1

自分の欠点を好きにならなくてもいいが、
欠点の存在を認める

2

ありのままの自分を愛せた時、
宇宙は自然と縁を結んでくれる

3

達人は宇宙の叡智を教えてくれるが、
いずれいなくなってしまう

その先は、まだ秘密…

第7章

宇宙はあんたの “スーパー執事”

宇宙は愛するあんたに、何でも与えたいんじゃ

「それでは最後の教えを始めるとしよう。

宇宙はあんたのような存在を創りたくて創ったという話は最初の頃にしたな。

あんたは宇宙の最高傑作。宇宙はこよなくあんたを愛しとる。あんたが何か悪いことをしたとしても、その背景にあるものもすべて承知じゃ。そしてそれごとあんたを愛する。

そしてそんなあんたがどうすれば幸せになるのかもすべてお見通しだし、どんな形であれ、毎瞬あんたが最高に輝き、満たされ、豊かになる方向に向かって導いとる。

宇宙はそのためにわかりやすくサインを出しとる。それも覚えとるよな？」

「はい。展開がスムーズで、ミラクルやラッキーがよく起こり、親切な人や会いたい人に恵まれているときは、そのまま進めのＧＯサイン。

でもやることなすことうまくいかず、あっちこっちに障害ばかり出てくるときは、そっ

ちじゃないというNOサインが出ていたとしても、四の五の言わずに従うこと。リスクがあっても飛び込むことですよね」

「そうじゃ、その通りじゃ。そうやって様々なサインを宇宙は送ってくれとる。けど、それだけじゃない。あんたが『これが知りたい』とか、『こういうときはどうすればいいんだろう』って思ったときに必要な情報を与えることもできる。

宇宙は愛するあんたのために役に立つことを教えたくてしょうがない、ミラクルもラッキーも与えたくてしょうがないんじゃ。

そういう情報が宇宙から流れ込みやすくするには、どうすればいいんじゃった？」

「ええと、宇宙の周波数と同調させるようにすること。そのためには、三大基本原則をしっかりやることです」

「素晴らしい、よく理解しとる！」

「毎日トイレに入るたびに、ドアに貼ってある三大基本原則を声に出して読み上げてますから。声に出すと、頭の中で思い出すよりも、ずっとインプットされるんです」

「それはええ方法じゃ。自分の喉も、耳も使うことによって、心の中で唱えるだけよりも、さらに浸透するようになるからのう、でかしたぞ！

だけど、もうひとつ大事なことがある。それは、自分のほうからどんどん宇宙に聞くことじゃ。**『私は今、このことが知りたい、教えてくれ』って、遠慮せずにこっちからどんどん投げかけてええ。**いつもそばに宇宙というスーパー執事がいると思うてええ。

人間の世界なら、情報提供料とか、サービス料とか、人材紹介料とか、いちいち料金を請求されるかも知れん。

しかし宇宙はすべて無料じゃ。あらゆる人知を超えた力をカバーしている最高最善最強の創造主、宇宙は、な、な、なんと無料なんじゃよ!!」

まるで通販番組で、無料でついてくるおまけをアピールするときのように、達人はやり過ぎなほど強調した。

「無料って、いい響きですね。大好きです」

「なぜ無料なのかと言えば、あんたと宇宙はひとつだからじゃ。あんたの幸せは宇宙の幸せ、宇宙の幸せはあんたの幸せじゃから、遠慮はいらんのじゃ」

どんな恥ずかしいことも、宇宙には話してええ

「宇宙はすべてお見通しじゃ。あんたの過去も今この瞬間に何が起こっとるかも、果ては未来までぜ〜〜〜んぶじゃ。つまり、あんたが隠し立てしても、全部バレとるわけじゃな。ワシがあんたのパンツが擦り切れとることに気づくよりも、宇宙のほうがもちろん早かったわけじゃ。

ちゅうことは、宇宙の前でカッコつけても通用せんのじゃ。どんなに恥ずかしいことも、どんなにカッコ悪いことも、正直に話してええ。個人情報とか、宇宙に対して気にせんでええわけじゃ。誰かにバラすっちゅうこともない。絶対安心じゃ。

たとえば嫉妬に狂って、相手の幸せを願えない気持ちになってしまうこともあるかも知れん。自分というものはありのままで完全で、この自分を愛せばいいとわかっていても、自分を受け入れられないときもあるかも知れん。もともと幸せだと気づけばいいだけなの

にどうしてもブランドのバッグを身につけたいという欲望にかられるときもあるかも知れん。

そういうときは、その正直な気持ちを話すんじゃ。**どんなにしょうもなかろうと、どんなに情けなかろうと、宇宙はそんなあんたを軽蔑せんし、叱ったり、見放したりもせん。**宇宙はそのまま受け止めるだけじゃ。

これまで、どんな自分を見せても無条件に愛してくれる人がいたらどんなにいいかと思ったこともあるじゃろう。

けど、そんな人を探さんでも、宇宙が一生そばにいて、どんな状態のあんたでも愛し、あんたの話に耳を傾け、導いてくれるんじゃ。だから、安心して何でも話せばええ」

「なんか、ここまで聞いただけでも、ありがたくて涙が出てきそうです」

宇宙は自分にピッタリな情報をくれるぞ

「そうやって、あんたが正直に、ありのままに自分をさらけ出し、何が知りたいのか、何を求めているのかを宇宙に話せば、ちゃんと必要なことを教えてくれる。それも、その人にジャストフィットする情報を教えてくれるんじゃ。

　つまり、同じ質問をしても、人によって答えが違うということじゃ。

ある人には今こそ行動を起こせと教えるかも知れんし、別の人には今は休めと言うかも知れん。休むというても、ある人には温泉に行けという場合もあれば、また別な人にはひたすら寝ろという場合もあるかも知れん。**だから、どんな情報を受け取ったとしても、自分に与えられた情報を信頼することじゃ**」

「でも、そんな情報が、自分の勘違いや思い過ごしなだけで、宇宙からの情報じゃない可能性もありますよね？　その場合はどうやって見極めればいいんですか？」

「そう思う気持ちもようわかる。これは宇宙からの情報ですと証明するハンコでも押してあるんならともかく、そんなもんないしなあ。けど、それも宇宙の計らいなんじゃ。ハンコさえ押してあれば大丈夫だという発想になってしまうと、自分の感覚という最も信頼できるセンサーの感度が鈍ってくる。だからあえてそんなことはせんのじゃ。

　じゃあどうすればいいか。それは、やってみることじゃ。**やってみれば、それが宇宙からの適切な情報なのか、自分の思い過ごしなのかわかる。**

最初は試行錯誤を繰り返すんじゃ。そのうち、あんたのセンサーはめちゃくちゃ研ぎ澄まされてくる。そしてこれは宇宙からの情報っちゅうことを一瞬にして理解するようになるんじゃ。

以前も言うたように、基本的に宇宙には言語というものはない。情報もエネルギーの塊のような状態で来るが、あんたはちゃんとそれを理解することができる。その感度も頭を空白にする状態を作ることによって磨かれる。

たとえ、まだその感度が研ぎ澄まされていなかったとしても、たまたま見た雑誌の見出しや人の言葉、起こる出来事、看板の文字、ありとあらゆるものを通して必ず教えてくれる。そう信頼していれば、何が宇宙からのメッセージであるかわかっていくはずじゃ」

「**確かめようとするよりも、実際に受け経った情報に従ってみるってことですね**」

苦手なことも、突然得意になる！

「宇宙からのメッセージを受け取れるようになるだけじゃない。あんたが宇宙の周波数と同調している状態になればなるほど、宇宙の無限性がますますあんたに現れるようになってくる。

ある日突然、今までできなかったことができるようになることも起こる。

たとえば、人前で話すとき口から心臓が飛び出るほど緊張していたのに、いきなり堂々と大勢の前で話せるようになったり、絵を描くのが苦手だったはずなのに、急に美しい抽象画が描けるようになったりすることもある。

あんたと無限なる宇宙は本来ひとつなわけじゃから、宇宙の周波数と同調することによって、宇宙にある能力の無限の引き出しも開くわけじゃな。それによってできないとか、苦手だとか思っていたことを平気でできるようになるんじゃ。

それも練習してできるようになるわけではなく、突然できるようになる。**特に今のその人にとって開かれたほうがええ能力ほど急に開かれるようになる。**宇宙とのつながりが取り戻されれば、そんなミラクルも起こるんじゃ」

「じゃあ私が、カフェに飾るお花をきれいにアレンジメントできるようになることも、起こりうるってことですね？　カフェのテーブルには、可憐な野の花を飾りたいんです」

「そんなこと、すぐにでもできるじゃろう。それどころか大きな花瓶に大胆に花を生けることだってできるかも知れん。頭を空っぽにしていれば、宇宙から直感を通してどう生ければいいのかが降りてくるようになるだろう。

だから勝手に、自分はこれが苦手とか、できないとか決めつけないほうがええんじゃ。これもやはりやってみることなんじゃな」

「さっそく明日、テーブルにお花を飾ってみようかな。楽しみになってきました」

壊れたものの直し方もわかったりするんじゃ

「それから電化製品が壊れたりしても、なぜかどうすれば直るのか、わかってしまうこともある。

たとえばパソコンの調子が悪くなったとしよう。そういうときに、慌てずに、頭を空っぽにするんじゃ。すると、ウィルス対策のソフトが誤作動を起こしているとか、自動的に入るシステム更新がうまくいっていないとか、何となくピンと来るんじゃ。

そしてココだと感じる部分を修正すると、いつも通りパソコンが使えるようになったりする。プリンターの給紙がうまくいかなくて、紙詰まりを取り除いてもだめ、これはもう業者に頼む以外ないと思った瞬間に頭を空白にすると、プリンターの底にコードが挟まって、その傾きで紙が詰まっていると直感的に受け取ったりもする」

「そんなエンジニアみたいなことまで……？　私なんて、機械オンチっていうか、前の職場でも、いくら電源を入れようとしても入らなくて、絶対寿命が来たんだと思っていたら、隣の子がコンセントを蹴とばして抜けてただけだったってこともありました。そんな基本的なことすら気づきませんでした」

「ほうら、そんなふうに自分は機械オンチだって決めつけないことじゃ。あんたが直すんじゃなくて、ある意味宇宙が直すんじゃ。あんたという人間を通して宇宙の叡智が流れ込むのにまかせる。その感覚に慣れると、どうすれば直るのかがわかるようになるんじゃ」

「そうでしたね。じゃあ、今ちょっと調子の悪いドライヤーが、調子よく動くように、さっそく宇宙とつながってトライしてみます」

次の日に、宇宙につながってみたところ、なんとあっさり解明してしまった。空気の吸い込み部分にかなりゴミが詰まっていたのだ。だからすぐに中の温度が上がって、サーモスタットが作動して、温風が出なくなってしまっていたのだ。

でもこれって、わざわざ宇宙に聞くまでもなく、日常的に手入れしていれば済むようなレベルのことだった。

そうだとしても、頭を空っぽにした途端に、吹き出し口の反対側を見たらいいとピンと来て、かなりゴミが詰まっていることに気づいたのだった。うん！　やっぱり宇宙恐るべし！

人の知られざる背景も理解できる！

「宇宙の叡智はまさに無限そのものじゃ。人は科学を超えた叡智や能力を超能力などと言ったりするが、ワシに言わせてもらえば、そんなもん、超能力でもなんでもない。そもそも備わっとる能力じゃ。自分にはそんな能力なんてないと勝手に決めつけとるから、せっかくの能力のフタが閉ざされていただけのことじゃ」

「達人みたいに時空を超えて移動するみたいなこともできるようになるんですか？」

「まだずっと先のことにはなるじゃろうけど、たくさんの人の意識が覚醒し、宇宙とそもそもひとつなのだということが当たり前だと思われるような時代が来れば、そうなるかも知れんな。

けど現状の三次元の人類の集合意識では、まだ時間と空間があるというのが大前提になっとる。それに、時間と空間という本質的にありえないものを楽しむために三次元に来たというところもあるから、そんなカンタンにはそうはならないじゃろう。

一見不便に見えるが、その不便を楽しむのが地球という舞台じゃからな。

ただ、人の背景が何となくわかるようになるということはありうるじゃろう。

生きていれば、「なんであの人はあんな意地悪するんだろう」とか、「なんであんな言い方するんだろう」とか、人間関係に思い悩むこともある。もちろん本人の自己認識を反映しているという側面もある。

けど、その人がそういうことをしてしまうには、それだけの背景があるんじゃ。人はそんな背景があるなんて知る由もないから、その人の態度を裁きたくなったり、攻撃し返したりしたくなる。

そんなとき、また頭を空っぽにしてみればええ。**するとその人の誰にも見せていないさ**

びしい家庭環境や、せっかく頑張ってもことごとく失敗した悲しみなどのエネルギーが、なんとなく伝わってくる。

はっきりと映像で見るのが得意な人もいるが、必ずしも映像で見なければいけないわけではない。宇宙の情報が基本的には言語を超えたエネルギーの塊のようなもんじゃっちゅう話はしたな。だからその人の背景という情報も、エネルギーの塊でポンと宇宙から降りてくる感じで受け取ることのほうが多いじゃろう。

すると、『ああそういう背景があったんだな』って理解できたりする。そうすれば相手を憎んだり攻撃したりせず、もっと温かい目で見られるようになり、自分自身も無駄に傷つかずに済む。

そうした能力のほうが、瞬間移動の能力などよりも、はるかに大事な能力なんじゃ。

そしてその能力は、現在の地球でも既に開かれつつある。

あんたもこれからカフェを創っていくプロセスの中で、たくさんの人と出会うことになるじゃろう。その人たちに対して、いつも愛を持って接することができるように、時にこういう能力も使ってみるんじゃ。それは決して難しいことじゃない。

ただし、相手への愛と敬意がなければ、情報は来ない。なぜなら基本的に、背景とはそ

の人の個人情報であり、愛を持って理解しようとしている人にだけ、開かれるようにできているからじゃ。

愛があるときには、宇宙の周波数と同調できるから、すべてを把握している宇宙のもとにある個人情報にもアクセスできる。

けれども、ただの興味本位やのぞき見では、とてもじゃないが宇宙の周波数とは同調せん。そんなスタンスでは、人の背景という情報にアクセスすることはできんのじゃ」

受け取る意志さえあれば、宇宙が何でもお膳立て！

「こんなふうに、宇宙とつながることで、これまで閉ざされていた能力が開かれ、様々な叡智や情報を受け取ることができる。そしてそれらを人生に生かすことができるんじゃ。

しかもこれらすべてが無料じゃ。お金のある人だけが受け取れる恩恵ではなく、誰もが受け取ることができる宇宙からの恩恵。これを使わない手はない。

そして、宇宙とつながることによって、誰もがもっと自由で豊かで幸せな人生を楽しんでええんじゃ。
現状の社会で活躍している人たちは、基本的に宇宙に対して開かれている人が多い。**人知を超えたものが、自分に叡智を授けてくれているということを直感的に理解しとる。そしてそれを活用しとる。**

時にその情報に従うことはとても勇気のいることで、リスクを取らなければならないことである場合もある。それでも彼らは、それに従えば人生が想像を超える展開になるのを何度も体験している。だから怖れずに飛び込み、新しい世界を日々切り開いてるんじゃ」

「宇宙ってやっぱりスゴいんだなあ。今、こんなことを教えてもらっている私は、ものすごく恵まれています。せっかくこんなことまで教えてもらったんですから、それを私自身が活かさないわけにはいかないです。

これから心して日常の中で宇宙とつながり、その情報を活かしていきますね」

「そのためにワシはあんたにここまで教えたんじゃ。

しかし、これすらもまだ基本中の基本みたいなことでしかない。その先のことは、それこそあんた自身が宇宙とつながって引き出していけばいい。なんなら宇宙の真理のような奥義だって、聞いてみりゃあええ。あんたのほうからどんなことでも正直に宇宙に伝え、どんどん問いかければええだけじゃ。

こちら側に宇宙とつながり、受け取る意志さえあれば、試行錯誤をしていくうちに、どんどんツーカーになってくる。


そのうち、こっちからなんも聞かんでも、宇宙のほうが先回りしてやってくれるようになるじゃろう。


たとえば、ネット通販のアマゾンで、いつもユーロビートのＣＤを買っていたとする。するとと自分から探さんでも、あなたへのおススメっちゅうて、好きそうなユーロビートのＣＤが入荷するたびにメールで紹介されたりするじゃろう。

宇宙はそれ以上の先回りじゃ。今までのあんたの傾向から好みなんてものは百も承知じゃけど、違うジャンルの音楽が今のあんたの新しい世界を開くということまで見通して、そっちの世界に触れるチャンスを与えることもある。

宇宙を信頼して、宇宙の与えてくれるものに怖れず乗っていければ、あんたの世界は驚くほど開かれていく」

「そういえば専門学校の帰りに、いつもよく目に入ってくるポスターがあるんです。ヒーリングミュージックの演奏会のポスターなんですよね。今までそんな音楽なんて聴いたこともないし、あんまり興味を持ったこともないのに、なんとなく聴いたほうがいい気がするんです。そういうのも宇宙の導きなんでしょうね」

「今まであまり触れたことのない音楽が、あんたにインスピレーションを与えてくれたり、その演奏会で出会った人がこの先の人生で重要な役割を果たす人だったりすることもある。それも行ってみなければわからない。

時には宇宙の導きだと思って何かをやっても、その時点では何の役に立つのかわからないこともある。けど、だいぶ経ってから、あのときのあの経験がここにつながっていたんだと気づくこともあるんじゃ。

だから、**やったらすぐにそれが役に立つかどうかにとらわれんでええ。とにかくやってみて、経験すること。たとえそれがただの勘違いだったとしても、何かを経験すること自体、人間をやっとる上では大きな財産になるんじゃ**」

寝る前に宇宙へお願いしてみるこっちゃ

「何か聞きたいことがあったら、その場で聞くだけでなく、睡眠時間も活用できる。

寝る前に、宇宙にこういうことを教えてほしいとか、こういうことをやってほしいとか指示を出せばええんじゃ。

人間が寝ているときは、起きているときよりも頭が空白になりやすい。その空白のスペースに宇宙が情報を入れておいてくれる。すると朝には何かの拍子にピンときやすくなる。

教えてほしいことを聞くだけでなく、たとえば体が疲れていたら、寝ている間にヒーリングしてくれとか、どうしても短い睡眠時間しか取れないときに、この短時間に熟睡できるようにしてくれって指示を出してもいい。宇宙はいろんなことに対応してくれる。

あんたが宇宙の周波数と基本的に同調していて、魂に従っている状態なら、確実に宇宙からのサポートは入る」

「カフェの仕事で忙しくて、睡眠時間が短くても、お肌の調子を整えてくださいって指示出ししたら、やってくれるのかな？」

「やってくれんこともないじゃろうけどなあ、あんなに自分を大切にせないかんっちゅうたにもかかわらず、あんたときどき化粧したまんま寝とるじゃろう。そんなことはしたらイカン！

　宇宙にとって、あんたはこの上なく大事な存在。そんな宇宙と周波数を同調させるには、あんた自身も自分を大事にすることじゃ。パンツ擦り切れ事件のときに言うたじゃろう。**自分へのケアをしっかりしとらんと、宇宙とも周波数は合わん。その状態でいろいろ指示を出したところで、周波数がズレとるもんは宇宙に届かんのじゃ。**

　その代わり、忙しくても自分を本気で大事にしとるなら、周波数はビンビンに同調する。その状態でお肌の調子を整えておいてくださいって指示を出せば、やってくれるじゃろう」

「なるほど、よくわかりました。自分のためにも自分を大事にし、できることはちゃんとやります」

宇宙を急かさず、信頼することじゃ

「宇宙は人知などはるかに超えている。見ている視野はとてつもなく広い。**現在だけでなく、過去も未来もすべてを見通した上で、あんたにとってベストなことを体験させる。**

たとえばあんたの複合カフェという夢も、すぐに実現させんほうがええ場合もあるんじゃ。中途半端ではなく、盤石な状態で実現し、施設がオープンしたあとも、さらに発展させるには、あんたが様々な経験を積んでおいたほうがええときもある。そういう場合、宇宙はそっちの経験を優先させる方向に導いていく。

人間は、宇宙ほどすべてを見通しているわけではないから、とにかく早く実現することこそがベストなんだと思い込んどるところがある。それで『いったいいつになったら私の夢は実現するんですか!?』って怒り出したり、宇宙を急かしたりする。

宇宙を急かすと、せっかく宇宙が用意しているベストルートが閉ざされてしまうん

じゃ。宇宙とも周波数が合わなくなって、適切な導きも得られなくなってしまう。

もしも宇宙の導きに従わず、実力が備わっていないまま、強引にカフェをオープンさせてしまうと、あっという間に閉店ということにもなりかねんのじゃ。だから、宇宙を急かさんこと。宇宙の経験させることを受け入れること。そしてもちろん自分にできることは精いっぱいやり続けることなんじゃ。そうすれば一番幸せなカタチ、一番いいタイミングで実現する。ええか。そのことをよく覚えておくことじゃぞ」

「はい。心します。私も40代半ばだし、時間がない気がして、早くしなきゃって、最初は思っていました。でも今は、そこに向かっているプロセスも、たまらなく楽しいです」

「実に素晴らしい。その状態こそが、最速で夢が実現する状態なんじゃ。なぜなら楽しくて夢中であるという周波数は宇宙の周波数と同調するからなんじゃ」

「ひゃ〜〜〜、やった〜〜〜。ありがとうございます。めちゃくちゃうれしいです」

達人は、私のことをいつになくうれしそうに見つめていた。でもその視線は、もうすぐ私の前から姿を消してしまう予感を抱かせた。まだ別れの言葉を聞きたくなくて、私はわざと明るく振る舞った。

しかし、別れは目前まで迫っていた。

ここまででわかった

宇宙の大事なこと

1

宇宙はどんな話でも聞き入れ、
いつでも必要な情報を与えてくれる

2

夢の実現に時間がかかっても、
すべてお見通しの宇宙の導き

3

達人はなんだかんだで最後はやさしい

その先は、まだ秘密…

第8章

受け取ったものを、
誰かに
伝えるんじゃ

教えを生かすも殺すもあんた次第

達人は急に改まった口調で話し始めた。

「あんたがワシの教えを活用していくなら、この先、ますます幸せになり、夢も実現していく。けどそれもあんた次第。あんたがこの三次元上でどう生きるかにかかっとる」

「もちろん、達人の教えはしっかり活かしていきます。ただ、最初に私が本屋さんで買った達人の本。あれをお別れの前に返してほしいんですよ。あの本があれば、教わったことを復習できると思うし……」

「あんなもん、ここにはない。あんたはワシから直に教わった。本から学ぶ以上じゃろう。それにノートもしっかり取っとる。そっちのほうがよっぽど役に立つ。心配いらん」

「そんなあ！」

「何でも知識で解決しようとするなと言うたじゃろう。それよりも、それを生きろ。ワシの教えを生きるんじゃ。そして失敗することを怖れずに試行錯誤するんじゃ。そのときあんたは、ワシの教えをいよいよ自分のモノにするじゃろう」

「じゃあ、私が本屋さんで達人の本を買ったあの体験は、いったいなんだったんですか!?全部幻だったって言うんですか？」

「幻ではない。別時空にあの瞬間だけワープさせただけじゃ」

「どういう意味ですか？」

「まあ、やがてわかるじゃろう」

「やがてって言われても。今教えてくださいよ」

「いやそれはできん。何度も言うように、あんた次第じゃ。未来というものは決まっているようで決まっとらん。あんた次第でどういう人生にでも転ぶんじゃ」

そのときの私は、それがいったいどういうことなのかまったく理解できなかった。

どん底状態の人はゴマンとおる

私にはもうひとつ、別れる前に達人に聞いておきたいことがあった。

「達人はどうして私を選んだんですか？」

「それはあんたが、ドン詰まりのエリートじゃったからに決まっとろうが。

あんたは素直で、あっけらかんとしとって、行動力もあるし、なかなか度胸の据わった素晴らしい資質を持った人じゃ。

けどあんたは、自分の活かし方を知らんかった。自分を活かす方向と真逆の方向に進んどった。

実はなあ、あんただけじゃないんじゃ。世の中にはそういう人がゴマンとおる。みんな壁にぶつかったまま、どうすればいいのかわからずにもがいとる。

あんたはどん底まで来たとき、もうお手上げじゃと開き直って、いよいよこれまでの生き方を捨てようと誓った。**お手上げになったからこそ、捨て身になれたわけじゃ。**

だからワシはここぞとばかりにあんたの前に登場したんじゃ。捨て身になれたあんたなら、きっとワシの教えを活かせると思うたんじゃ。だから、どうすれば宇宙を味方につけることができるのか、あんたに教えて、実際にそれを生きてもらおうと思うた。

思った通り、あんたはワシの教えを必死で学び、新しい人生を切り開くことができた。

どん底まで行って、開き直れた自分を誇りに思え。

まさにお手上げバンザイじゃ。お手上げになってよかったんじゃ」

「そうですね。どん底も無駄ではなかったんですね」

あの頃のことが遠い昔のようだった。そのくらい私の意識は変わっていた。

次はあんたが教える番じゃ

「ワシがあんたを選んだ理由はもうひとつある。

あんたがワシの教えを活かし、真の幸せとは何かを悟り、自由で豊かな人生を生きられるようになったら、今度は昔のあんたのように人生のどん底にいる人に、その道を教えていってもらいたいんじゃ。

『どん底こそ、人生大逆転の最高のチャンスです。少しも恥じる必要などありません。ジタバタせずにさっさとお手上げし、今までの機能不全の生き方など手放してしまえばいいんです。どん底ならかえって開き直れるでしょ』

『これから先は、宇宙とつながって無限の恩恵を受け取りながら、人生を宇宙と共同創造していけばいいんです。そのためには三大基本原則というものがあり……』って順々に教えていくんじゃ」

そのとき、複合カフェのイベントスペースで、みんなの前で話をしている自分の姿がありありと浮かんだ。私はとても堂々としている。センスのいい服に身を包み、相手の目を見ながら話している。その話し方は、それを生きた人のみが持つ確信に満ちている。

ああ、いつかこんな日が来たらいいなあ。私は素直にそう思った。

地球は大転換点に差し掛かっとる

「地球は今、大きな転換点に差し掛かっとる。これまでは、宇宙とひとつであることを完全に忘れ去り、互いの利害で対立し、深い葛藤の中にあった。

そこから、もともと宇宙とひとつだったということを思い出し、無限なる宇宙とつながって、最高に幸せな人生を共同創造していっていいということに、目覚めつつある。

しかし、**転換点のときほど、反動も強くなる。**人間は変化を怖れる習性がある。たとえそれが自分を幸せにしない生き方であろうと、新しい生き方に転換することによって生じる可能性のある失敗を怖れるあまり、古い生き方に戻ろうとするんじゃな。

この世界には、そんな古い価値観に立脚して成立しているものもたくさんある。

人々が宇宙とひとつであるということに目覚めれば、社会の仕組みも、政治のあり方も、企業のあり方も、抜本的に変わることになる。

宇宙の流れに沿って、それらのものも転換できるならええが、現状維持しようとする勢力もあるわけじゃ。新たな対立が起こる可能性もある。

ワシは、地球上のすべての人がみんな満たされて、自分の個性を自由に表現し、豊かで幸せであることを祈っとる。宇宙の流れは明らかにそちらに向かっとる。

地球がうまくその流れに乗ることができればいいんだが、今が一番微妙なところなんじゃよ。地球っちゅう星は、宇宙全体から見たら小さな小さな星じゃ。しかし、この大転換がうまくいくかどうかが宇宙全体にも大きな影響を及ぼす。

それに、地球はとてつもなく美しい星じゃ。宇宙の中の宝石じゃ。その輝きをこれ以上自然破壊や核兵器で侵してはならん。それは、やはり地球上にいる人間たちにかかっとるわけじゃな。

そんでワシは地球をサポートすべく、宇宙連合から派遣されたわけじゃな」

「何ですか？　その宇宙連合っていうのは？」

「宇宙の安定と調和を図っている高次元のエネルギー体じゃ。プレアデスだのアンドロメダだの、いろんな宇宙の代表が加盟している、国際連合の宇宙版だと思うとる人もおるようじゃが、そんなもんじゃない。宇宙はひとつじゃっちゅうのに、人間世界にあるような組織なわけがなかろう。人間世界で言うところの神様よりもずっと高次にある。ワシがいろんなもんに化けたり、時空を超えられたりするのも、そんなわけなんじゃよ」

「そんなわけって言われても、どんなわけなのか全然わかりませんけど」

「すべてがひとつなら、『ワシ＝すべてのもの』じゃからな。どうとでもなるんじゃ」

「まだ意味不明です。全然！」

「意味を理解せんでええ。これは頭で理解できんことじゃ。今はわからんでもええことじゃ。そんなことより、ワシは新しい生き方に転換することを怖れる人々に、大丈夫なんじゃっちゅう刺激を加えるためにやってきたんじゃ。

それで、あんたのようなどん底まで来て、お手上げになった人の中で、これだと思った人の前に現れて、宇宙とつながり、宇宙を味方につける生き方を教える。

その人がそれを体現して真に幸せになり、成功すれば、その人の教えを聞いた人々は、新しい生き方に転換する勇気をもらえる」

わからなくなったら、何度でも「お手上げ」じゃ!!

「あんたはここまで本当にようやった。あんたじゃったら、きっとできる!

ワシはそう信じとる。

ワシが教える必要のあることは全部教えた。そろそろお別れの時じゃ。その調子でワシの教えを活かし、日々楽しみ、幸せであれ」

「そんなこと言われたって、まだカフェを経営してもいないし、この先だって、どうしたらいいのか。それ以上に、いなくなるなんてさびしいです。耐えられません!」

私はこらえていた涙がどっとあふれ出た。もう教えが聞けないということよりも、単純にさびしかった。

「じゃあ、最後に教えてやろう。

あんたは宇宙とひとつじゃ。宇宙とつながって情報を得られることも学んだ。

ワシという個の体裁を取った存在とは今日でお別れじゃ。けど、すべてはひとつなら、ワシはいつもあんたと一緒にいるようなもんじゃ。**どうしたらいいのかわからなくなったなら、迷わず頭を空白にすることじゃ。そうすればいつでも宇宙はワシ以上にあんたに必要なことを教えてくれるじゃろう。**

そして、宇宙とつながるたびに、ワシともつながっとることを思い出せ。ええな」

私はダダをこねる子どものように泣きじゃくった。

「ワシは、いつもあんたのことを応援しとるし、どこかで見守っとる。それだけは信頼せえ。それじゃ、ワシは帰る」

その途端に、達人は今度こそ本当に消えた。

「この恩に報いるため、私は以前の私のようにどん底にいる人たちのためにも、ますます幸せになり、夢も実現させていきます」くらいのことが言えたらよかった。

でも私は情けなくも、そうは言えなかったのだ。

——それから数年後。

ここまででわかった

宇宙の大事なこと

1

達人の教えを実践できるかどうかは、
自分次第

2

自分だけでなく、多くの人に
新しい生き方を教えていく

3

達人は宇宙そのものであり、
あなた自身でもある

この先は、あなただけの秘密…

エピローグ

達人が去って、数年が過ぎた。

直後はさびしくて、何度も夜に泣いた。けれど、泣きたいだけ泣いたら、私の決意が固まった。

達人はたくさんいる人の中から、私に白羽《しらは》の矢を立ててくれた。この人ならと信頼してくれたのだ。私は自分のために、そしてたくさんのどん底状態の人たちのために、今まで以上に教えを活かして人生を切り開いていくと強く誓った。

それからは、ますますカフェの仕事に熱中した。熱中するほど仕事は面白くなっていくうえにミラクルが次々と起こった。都内の店舗の店長が転職し、私は次の店長となったのだ。オーナーはカフェを盛り上げることなら、どんなことをしてもいいと言ってくれた。

私はここぞとばかりに宇宙とつながり、湧いてくるアイディアをカタチにしていった。

新しいヒットメニューを次々生み出し、雑誌やテレビでも取り上げられた。テイクアウトができるようにし、カフェ関連の雑貨販売にも乗り出した。その取り組みがグループ店全体にも広がって、業績を大きく伸ばした。

オーナーからその実績を高く評価され、私はついに取締役に就任した。

そして以前から構想のあった那須高原に、私の夢だった、カフェを中心とした複合施設をオープンさせ、オーナーがその経営責任者に私を抜擢してくれた。

施設の設計施工は、あの会長の建設会社だ。

会長は相変わらず誠実な仕事ぶりで、伝統家屋ならではの落ち着いた空間にモダンで上質な内装をマッチさせてくれた。もちろん、お一人様専用スペースも設けた。

新店舗は、旅行雑誌や旅番組にもたびたび取り上げられ、グループの中心店舗になった。私の収入も桁が上がった。

もし会長を恋愛対象にできたら結婚して、資金提供してもらって、自分のカフェを持てたかもしれない。事実、会長からそんな誘いをいただいたこともある。

でもどうしても義姉弟以上にはなれなかった。そんな私の気持ちを察してくれて、今では本当の姉弟のように互いに何でも話せる仲になった。

達人は、好きなことに熱中しているうちに、宇宙がご縁を結んでくれるが、自分が思い描いたような人ではないこともあると言っていた。

実は今、複合施設のテナントとして入っている焼き立てパンのブーランジェリーの店長とお付き合いが始まったばかりだ。彼は特にイケメンでも大金持ちでもなく、パン作りに情熱を傾ける職人だった。しかし、私のカフェへの情熱を誰よりも理解してくれた。彼と話していると、私はいつも触発され、次々と新しい構想が浮かんでくる。

彼もまた、私と話していると、楽しいし、夢が広がると言っていた。この先この関係がどこまで発展するかは未知数だ。でも私はそんなことはどうでもよかった。

こうして大好きなことをして、大好きな人たちと一緒にいられるだけで幸せだからだ。

「私は40代半ばまで、何をやってもパッとしませんでした。

やっと結婚できるんじゃないかって思ってた人は別の人と結婚してしまうし、大して貯金もないのに、会社からは肩たたきされるし。もうね、ひどいもんだったんですよ。

でもね、そのくらいどん底まで行って、もう人生お手上げだって思ったところから、人生が変わったんです。

ええいもう世間体とか、常識とかどうでもいい。私も好きに生きるから、宇宙も煮るなり焼くなり好きにしてくれって開き直ったんですよ。

そしたら不思議なこともあるもんですね。

宇宙がまるで私の味方になってくれているかのようなことが次々起こり始めたんです。

冴えなかった私が、今ではたくさんの人に助けられて、自分の夢だったこの那須高原の複合施設の経営責任者になり、収入も驚くほど上がりました。

だから今、あなたの人生が、昔の私のようにどん底のような状態だったとしても、絶対に人生を諦めないで欲しいんです。

宇宙を味方につけるには、三大基本原則というのがあるんです。

みなさん、ここ！　ここが最重要ポイントですよ。今日はね、この三大基本原則を覚えて帰るだけで、はっきり言って元が取れます。ほかの話は忘れてもいいくらい。

それはウソ。さすがにそれはウソだわあ。なんたって私の話は全部大事な話だから、聞き逃さないようにしっかりメモを取ってくださいね。

メモだけで満足してちゃだめよ。それを実際にやらないと意味はありませんから。

知識だけ詰め込んでるただの頭でっかちにはならないでくださいね。

それじゃ三大基本原則、いきますよ〜〜〜〜」

私は毎月イベントスペースで、達人に託された宇宙とつながる生き方を伝えるセミナーを開催するようになった。それも新しい歓びになった。

人前で話をすることが楽しくてしょうがなくなっていた。数人の前で自己紹介するだけでもいっぱいいっぱいだったのに、突然大勢の人前で話ができるようになった。達人が言っていた通り、今まで使ってこなかった能力が開かれた。

セミナーは毎回立ち見も出る。テレビでカフェが紹介されたとき、その様子も放送されたら、ある出版社から本を出さないかという話が舞い込んだ。私は迷わずその話を受け、達人からの教えを本にした。その本のタイトルは、もちろん、

『人生終わったと思っている人に読んでもらいたい、いい加減な達人が教えてくれた究極の逆転法』

あの本は、達人が書いた本ではなかったのだ。

未来の私が書いた本だったのだ。

私は今、あの書店に行って、棚に並んだ私の新刊を感慨深く眺めている。

手に取って、胸に抱きしめてみた。本の中に、ワンカップ片手の達人が息づいている。この本はきっと、昔の私のように人生のどん底でもがいている人の力になるはずだ。

もしそうなったら、これが私からの達人へのささやかな恩返しだ。

過去に見た映像と同じように、私は本を持ってレジに向かった。

「お客様、こちら5億円となります」

「はあ？」

「5億円でも安いくらいです。これからあなたはそれ以上の価値を生み出していくでしょうから」

ふと見ると、レジの女性の片手にはなぜかワンカップが……。

そして周りはすべて止まっている。

「おめでとう。ありがとな」

そんな声がどこからともなく聞こえた気がした瞬間、すべてが何事もなかったように動き出した。

人生終わったと
思っている人に
読んでもらいたい
いい加減な
達人が教えてくれた
究極の逆転法

大木ゆきの

YUKINO OHKI

小学校教師、コピーライター、国家的指導者育成機関の広報を経て、スピリチュアルの世界で仕事を始める。「宇宙にお任せして魂の望むまま生きよう」と決意したときから、八方ふさがりの人生が自由で豊かな人生に転換。この奇跡体験を多くの人に伝えようとブログを始めたところ、ランキングが急上昇し、ジャンル別2部門で1位となる。現在は執筆を中心に不定期でワークショップを開催。『本当に幸せな人だけが知っている宇宙の秘密』（徳間書店）、『頑張りすぎな人がまだ知らない 勝手に幸せがつづく方法』（大和書房）などベストセラー多数。

ブログ「幸せって意外にカンタン♪」
https://ameblo.jp/lifeshift/

幸《しあわ》せが無《む》限《げん》に舞《ま》い降《お》りる
「お手《て》上《あ》げ」の法《ほう》則《そく》

2020年3月31日　第1刷発行

著　者	大《おお》木《き》ゆきの
発行者	佐藤靖
発行所	大和書房
	東京都文京区関口1-33-4　〒112-0014
	電話03-3203-4511
ブックデザイン	西垂水敦・市川さつき（krran）
イラスト	福田玲子
カバー印刷	歩プロセス
本文印刷	厚徳社
製本所	小泉製本

ISBN978-4-479-77223-1

http://daiwashobo.co.jp